献给美好路上的奋斗者们

效率革命

聪明的管理者如何带队伍

刘祯◎著

ZHEJIANG UNIVERSITY PRESS
浙江大学出版社

图书在版编目（CIP）数据

效率革命：聪明的管理者如何带队伍 / 刘祯著 . —
杭州：浙江大学出版社，2019.1
ISBN 978-7-308-18738-1

Ⅰ.① 效… Ⅱ.① 刘… Ⅲ.① 企业管理—组织管理—
研究 Ⅳ.①F272.9

中国版本图书馆 CIP 数据核字（2018）第 259954 号

效率革命：聪明的管理者如何带队伍

刘 祯 著

责任编辑	杨 茜
责任校对	杨利军 张培洁
封面设计	孙晓亮
出版发行	浙江大学出版社
	（杭州市天目山路 148 号 邮政编码 310007）
	（网址：http://www.zjupress.com）
排 版	杭州中大图文设计有限公司
印 刷	杭州钱江彩色印务有限公司
开 本	710mm×1000mm 1/16
印 张	14.5
字 数	178 千
版 印 次	2019 年 1 月第 1 版 2019 年 1 月第 1 次印刷
书 号	ISBN 978-7-308-18738-1
定 价	48.00 元

美好之路

组织行为学是一门可以引导人们的工作和生活都变得更加美好的学科，同时，也是一门可以有效引导企业持续成长的学科，所以它被列入商学院的核心课程。不过，不像企业战略、人力资源管理、运营管理等学科，一听"组织行为学"这几个字，很多人都无法判断其内容是什么，这样就使组织行为学变得低调而又神秘。鉴于这门学科可以带给个人和企业真正的帮助，如果不被人所熟知，着实有些可惜。为此，本书尝试用简单明了的方式来揭开这门学科的神秘面纱，帮助读者更好地解决企业效率提升方面的实际问题。

对于代表人物、学科发展以及学科特征的剖析，一般在教学中和教科书上都是一笔带过的，但事实上，这些部分恰恰是一个学科的根基，是最重要的基础。因此，这些部分是本书的重点。在此基础上，本书进一步把这门学科的精华内容连贯起来，系统地展现给读者。从这个角度来看，本书可以和传统的教科书形成协同效应。

对于有些学过组织行为学的学习者来说，如果不能打好学科的根基并且把主要内容体系连贯起来，那么有可能仍然在门外徘徊。因此，对于初学者来讲，本书可以成为一把钥匙，帮助学习者打开组织行为学知识的大门。而对于有一定基础的学习者而言，不论是有过课程学习经历，还是有一定的工作经验，本书都可以作为一个起到强化作用的学习工具，帮助学习者检验学习的成效或者产生一些新的认知启发。

为了让知识更系统清晰地呈现出来，在本书附录中补充了组织管理15问。这个部分可以看作是一种测试，也可以看作是一种对于组织行为学的总结或再度思考。回归初心，用"学习笔记"的方式来做这样一份附录，相信读者读了之后会感受到笔者的用心。

事实上，做管理的目的并不复杂，就是要产生绩效，让人的价值得以发挥。当中的关键就在于我们对产生绩效的行为认知，我们需要知道有了哪些行为，我们渴望的管理绩效和人员价值就会在现实当中实现。而组织行为学就是一个让我们看见这些行为的窗口。透过这个窗口，我们不仅会看到一个美好的世界，更会知道如何用行动通往这个美好的世界。

从本质上来说，组织行为学是一门积极的行为学科，其探讨的是个人和组织如何产生绩效和获得美好生活。

在这门学科当中，不论是作为个人还是组织的经营管理者，我们都可以从中看到一些通往美好生活的行为规律。一些道理看似是常识，可事实上，我们在日常工作和生活中，往往忽略了对于这些常识的关注。知道和行动是两回事，不要因为常识的简单而轻视甚至无视这些规律。

通过学习、体会和实践这些规律，个人和组织都会得到成长。个人会逐渐从不成熟走向成熟，组织也会从稚嫩开始，不断生根发芽。随着组织的不断成熟，个人可以和组织一起创造价值，而组织可以做到基业长青，同时可以成就一代又一代人的美好生活。

践行组织行为学，我们的行为会更加积极、阳光，我们的工作和生活也会更加美好。

对于我和这门学科的缘分，要特别感谢恩师陈春花教授把我领进门。十年前，我读博士的时候有幸做了陈春花老师组织行为学课程的助教，因而得以全面并较为深入地学习其中的学问。博士毕业后，我开始主讲这门课程，并且追随恩师，不断把研究和对企业实践的了解融入组织行为学的教学和内容探索当中。所以，追随陈春花老师一路以来的学习经历，成为我最宝贵的财富。

教师是一份传承阳光的职业，感谢这份职业带给我的使命和责任。在履行责任的道路上，让人感到幸福的正是学生们对我的鼓励和他们的成长。

作为任课教师，己任是拿出好的知识和学生交流，每次我都很珍视他们的反馈并做改进，所以要感谢他们给予我的前进动力。五年前我开始做研究生导师，因为自己的学习经历，我知道，作为导师，最重要的是引导学生行为更加积极、阳光，对学习、工作和生活充满希望。这是作为导师的责任，同时这本身也是组织行为学教学所肩负的使命。我一直和学生们保持着这样的互动，随着毕业生逐渐增多，看着指导的学生陆续走向联通、华为、碧桂园等企业发展，或是继续读书深造，都会特别为学生们的成长感到高兴，而这一切，都是积极的行为在做支撑。

所以，我很感谢我的老师和学生，在老师那里我获得了一颗希望的种子，而学生们正是一片希望的田野。

　　组织行为学特别强调"在一起"的魅力，本书的出版也让我深有感触。所以，衷心感谢蓝狮子团队和浙江大学出版社。因为蓝狮子主编陶英琪女士的鼎力支持，韦伟女士和陈一宁先生的精心策划，钱晓曦女士的持续沟通，杨茜女士的细致帮助，本书能以更好的面貌展现给读者，也让组织行为学有更多机会走到读者的身旁，成为大家的朋友和知音，陪伴大家进步和成长。

　　所谓"向阳花木易逢春"，组织行为学正是我们身边的"近水楼台"，当我们真正可以走近组织行为学的时候，内心一定会充满阳光并不断成长。

　　最后，我愿意和各位读者一起来继续学习这门学科。希望读者可以有所收获，对于书中不当之处也恳请读者批评指正，我会接受读者的建议并和读者一起行动，共同成长。从羊肠小路到康庄大道，相信美好之路是通过行动走出来的。

刘祯　博士

2018 年 1 月于上海

目录

01 组织行为学"大佬们"有话要说

第一章 "圈外人"巴纳德 / 003

第二章 "挖井人"德鲁克 / 007

第三章 "接地气"的柯林斯 / 015

第四章 "东方管理学家"苏东水 / 027

第五章 "人力资源引路人"赵曙明 / 033

第六章 "知行合一"者陈春花 / 039

第七章 驾驭组织的方向盘 / 050

02 效率革命：企业进阶之路

第八章　生产效率：组织财富的来源　　/ 057

第九章　组织效率：组织成长的关键　　/ 066

第十章　人的效率：组织行为的核心　　/ 087

第十一章　开启绩效之门的三把钥匙　　/ 101

03 换个方向，新的认知

第十二章　纳百川，道致远　　/ 105

第十三章　"变地开花"：理论也会"水土不服"　　/ 113

第十四章　组织行为学的边界和内涵　　/ 117

第十五章　刷新你的思维方式　　/ 122

04 奔赴卓越：企业成长的五大核心驱动力

第十六章 个性：自营人生 / 127

第十七章 认知：修炼理性 / 140

第十八章 激励：勇往直前 / 153

第十九章 团队和领导力：领导者如何带队伍 / 165

第二十章 组织成长的三驾马车：结构、文化、变革 / 187

第二十一章 逐梦之旅：组织的终极形态 / 204

参考文献 / 207

附 录 / 211

后 记 / 223

01

组织行为学『大佬们』

有话要说

"智慧"中的"智"字告诉我们，知识要日积月累；"慧"字告诉我们，丰收要建立在纯洁的心灵上。所以，探寻智慧，需要找到智者，并且需要我们用心去学习。

如果我们可以站在智者的肩膀上，不仅可以一览众山小，更重要的是可以高瞻远瞩。组织管理做得如何，在一定程度上取决于我们的认知空间。中国有句古话：不听老人言，吃亏在眼前，或许智者的一句"点化"，就会让我们意识到过往经营企业的亏损来源于哪里，又需要借助什么样的管理认知格局来提升我们的成长空间。所以，不妨来听听"大佬们"的话。

第一章 "圈外人"巴纳德

当提及组织行为学领域诸多西方学者的名字时，研究这门学科的人一定对他们很熟悉，但是，对于初学者或者外行来讲，人名一多，超出三五个就容易忘记，更大的困难是容易将人名混淆。有一个简单的办法来帮助记忆和区分，就是给这些名人定位，并且用最简单的关键词。

组织行为学的第一个代表人物是巴纳德。然而，巴纳德其实是一个"圈外人"。他并不是一个学者，但却一直在做学问。他一直在企业工作，从基层做到总经理，并把几十年的实践总结为两本著作：《经理人员的职能》及《组织与管理》。近一百年来，这两本书几乎成为研究者必读和必会引用的著作，就这样，这位"圈外人"成了组织理论的重要奠基人，甚至被誉为"组织理论之父"。这个案例至少可以说明一点，管理理论是来源于实践的。

当然，这里把巴纳德抬得这么高，并且在论述这个时期的组织行为学发展时只讲了巴纳德，恐怕很多行家会提出质疑，为什么不说梅奥呢？

如果是讲述组织行为学的发展历程，一定不能回避梅奥这个"圈内人"。梅奥是哈佛大学的学者，他通过做实验的方法找到了组织行为学的奠基理论"人际关系学说"。所以，谁都不能忽视梅奥的重要贡献。但是，如果在同一个时期只选择一个代表人物的话，还是首推巴纳德，不光是用理论来源于实践这个真理作为理由，看看巴纳德思想的核心内容，就会更加明白其中的原因。

目标是组织的灵魂

除了用"圈外人"的身份来给巴纳德定位之外，从内容的角度来看，还可以用"组织"这个词给巴纳德定位。巴纳德的重要贡献在于，用最简单的语言，精准地解释了"组织"这个词的内涵，直击要害。他从"目标"和"合作"这两个角度说清楚了组织的要义。

了解组织，一定得清楚第一个关键问题：组织为什么存在，或者说为什么会有组织这个"东西"，其意义在哪里。

很多人恰恰是因为没有对这个最根本的问题有明确的认识，从而陷入各种困惑。比如总希望组织变得很大，然而组织变得很大后又发现效率不够高，其实问题就出在很多人是为了建立组织而建立组织，没弄清楚组织为什么存在。

巴纳德清楚地告诉我们，组织是因为目标而存在。这是组织存在的唯一理由。人们是为了完成目标而在一起的，这就是正式组织要做的事情，或者说，这就是组织的"正事"。我们是否有把"正事"忘了的习惯呢？每当我们为了赶路而忘了目标的时候，头脑就已经不清醒了。

所以，要说清楚组织到底是来做什么的，不论是组织还是个人，一定要始终保有强烈的目标感。除了用目标来解释组织为什么存在之外，巴纳德还用"合作"这个词进一步解答了什么是组织。

在巴纳德看来，组织的本质是一个合作系统。要实现目标，个体之间必须进行合作。这个逻辑从经济学的市场逻辑产生时就已经开始了。想想看，市场是怎么形成的？就是通过买卖交易形成的。实际上，说到底，个体和个体之间、个体和组织之间，也是通过这种有效的交易、互惠、相互协作而联系在一起的，整个组织其实就是一个合作无处不在的"社会系统"。

所以，组织管理要做的，其实是要促成组织内外部的合作，不论是和顾客的合作还是和员工的合作，都必须成为管理工作的核心任务。用巴纳德的话来说，组织管理得让个人目标和组织目标合二为一才算有效。

人和组织是合作伙伴关系

巴纳德从哈佛大学毕业之后进入企业工作，他在自己的研究过程中，并没有失去和"圈内人"的来往，尤其是和梅奥的研究团队。梅奥更是直言，自己的研究深受巴纳德合作思想的影响。现在再来看看梅奥给他的理论所起的名字——"人际关系学说"，正是在讲组织内部个体之间的合作可以产生的重要影响。如果"人际关系学说"这个理论奠定了组织行为学这门学科的基础，那就更没人可以质疑巴纳德这个"圈外人"的地位了吧。

巴纳德把组织看成是一个充满合作的"社会系统"，梅奥把人看作一个会受人际关系影响的"社会人"。这个时候你就会发现，理论和实践之间、圈内人和圈外人之间，其实是存在共识的。这个共识就是，这门学科是一门"社会学科"。

把"目标"和"合作"这两个关键词联立起来看组织，就会产生出一个极为重要的知识点。这个知识点可以从根本上回答"什么是组织"，即组织是一个目标导向的合作系统。这就是通过认识巴纳德可以总结出的规律。

最后不妨想想，组织作为一个合作系统，其中的目标导向到底是什么意思？根本点在于，一个好的组织应该可以同时实现组织目标和个人目标。具体来说，当你的企业可以"吃饱穿暖"的时候，你的员工也能吃饱穿暖；当你的企业成长为世界级企业的时候，你的员工也能成长为世界级的员工。

合作意味着彼此拥有一致性的目标并且保持同步成长。我们作为企业的一员，当我们所在的企业在努力迈向世界级企业的目标时，我们也应该努力提升自己，成为世界级的员工，这样企业和人的目标才能真正一致，彼此的成长才能真正同步，组织才能成为一个真正用一致性目标来驱动的高效能合作组织。

这是个体融入合作系统的条件，如果不能和组织共同成长，个体就会掉队，脱离合作系统。这也是一个人一定要保持成长目标的原因，个体目标与组织目标的基本共识在于成长性，当一个愿意成长的个体和一个愿意成长的组织组合在一起相互成就的时候，就会迸发出强大的合力，使双方都能达成心愿，只有双方目标都得到实现时，才是真正的合作。只有在这个时候，个体和组织才不是雇佣关系，而是平等的关系，是相互为成长助力的合作伙伴。也只有理解到这一步，我们才真正知道组织的含义和合作的意义，才能真正找到组织，和自己共同成长。

第二章 | "挖井人" 德鲁克

了解了巴纳德这个"圈外人"之后，再来看一个"圈内人"德鲁克。

说德鲁克是"圈内人"，是因为从正式的身份上来看，德鲁克一直是在大学里面做学问的人，所以，他是研究领域的"圈内人"。但是，这样给德鲁克定位就太浅显了。坦白地说，德鲁克是一个并不像"圈内人"的"圈内人"。德鲁克不认为管理学是一门纯粹的科学，这种观点和一些主流观点有所分歧，但实践证明，他的理解更为透彻，管理学是一门人文学科。

管理没有标准答案

到这里，大致就可以看到德鲁克和组织行为学的关系了。试问：组织行为学是一门科学还是一门人文学科？

当然，如果谁都不"得罪"的话，可以说它既是一门科学，也是人文学科。但是，如果回到组织行为学本身的内容来看，想想"合作""人际关系"这些根本的字眼，组织行为学其实更像是一门人文学科。

这就提示我们，一旦涉及人的问题和关系问题，其实是没有标准答案的。管理者没有一种绝对的方法可以调动起所有人的积极性，用什么方法得看是面对什么样的人。企业也没有一种绝对的方式可以让自己永远保持竞争优势，能否保持竞争优势，得看企业自身的选择能不能跟环境的变化匹配起来。

所以，组织行为学一直在努力平衡人和组织的关系、组织和环境的关系。具体到一个人身上，还要平衡一个人的工作和生活的关系。这是这门学科的艺术和灵活性所在。这些问题协调不好，组织和人的绩效就一定会受到影响。

科学和学科不是一回事

因为和当时主流观点存在分歧，德鲁克曾自谦地说，他在学术界不是很受尊重，但事实上，他用毕生的精力呈现了管理的实践价值，正是他从实践角度对管理的重新定义，才开辟了管理学科的新篇章。中国人有句老话——吃水不忘挖井人，要学习任何一门学问，都不能忘了这门学问的源头，而德鲁克就是那个挖井的人。这是我们不能忽略的德鲁克的贡献。

探讨一个人的人格特质，本身就是组织行为学的内容之一。所以，对于这些代表人物，我们在认识他们所做的贡献的同时，也可以去品味或学习这些人物身上的特质。

事实上，德鲁克自谦又自信。这样的混合特质从他的言语中可以大致感受到。德鲁克晚年在评价他一生的重要贡献时说，他创立了管理学这门学科。

当然，对此稍有争议。争议的地方并不是要否定德鲁克本人的贡献，而是从时间轴来算的话，不少人会认为创立了管理学的人是泰勒。今天我们常说，管理学有一百年的历史，这是从泰勒1911年发表的《科学管理原理》算起的。而德鲁克的一系列著作是从20世纪三四十年代之后才陆陆续续发表的。但是，尽管如此，却不能仅仅因为时间的原因而否定德鲁克自己的说法。

当然，就像是辩论赛一样，到底谁胜谁负其实并不是最重要的，而是要看在过程中有没有把握住每一种观点的本质。所以，争论到底是谁创立了管理学，也不是目的。认识和判断这个问题的关键和依据，要比争论本身更有意义。

这里的关键在于，要看到当中的两个关键词——"科学"和"学科"。这两个词看似只是颠倒了字的顺序，但意思是不一样的。

如果把管理学当作一门科学来看，其创立者就可以追溯到泰勒。所以，准确地说，泰勒是"科学管理之父"。在科学管理当中，科学是什么意思呢？一个工人在搬砖，他每次搬几块砖，保持什么样的速度去搬砖，才能保证这样一天下来用的力气最少，同时搬运的砖最多，这个是可以计算出来的，这个"最优解"就是科学管理的答案。通过科学管理，人们的劳动效率就能得到大幅提升。所以，如果说是泰勒创立了管理学，得有个前提，那就是"科学"管理学。

通过量化的方式探索最优解，这是科学的逻辑。把"科学"这两个字倒过来，变成"学科"，意思就不同了。简单地说，得有人去学这门学问，这门学问才能算得上是一门"学科"。

管理：组织生长的器官

构建管理"学科"的关键人物，正是德鲁克。从内容的角度来看，如果说对"圈外人"巴纳德来说，"组织"是必不可少的一个词，那么对于德鲁克来说，这个必不可少的词就是"企业"。那么，管理是什么呢？在德鲁克看来，管理就是企业的一个器官，因为有这个器官，企业可以活得更好。换句话说，如果管理这个器官出现问题，不能发挥出功效，企业可能就活不好，会生病，甚至病死。不过，好的管理又可以让企业死而复生。

试想，如果现实当中真的有这样一门学科，企业通过学习它，可以让自己变得更加健康长寿，那么哪个企业不愿意去学呢？这门以"企业实践"为导向的学科，正是管理学；这门学科的奠基者，正是德鲁克。

所以，德鲁克的研究逻辑是，先找到优秀企业，再去看是什么因素让企业变得优秀，把原因总结出来之后，再把它复制到更多的企业，从而让更多企业变得优秀，也就有了更多的优秀企业。这就是德鲁克的"组织研究方法论"。

20世纪三四十年代，通用汽车无疑是优秀企业的代表。1946年，德鲁克出版了研究通用汽车的著作《公司的概念》。这是德鲁克的第一本管理学著作，德鲁克说他创立了管理学这门学科，也是从这里开始的。这本书展现了一个大型企业的内部结构是什么样的，或者说，要成长为一家大型企业，组织的结构应该注意的关键点是什么，答案就是分权管理。

这个答案在《公司的概念》中被很明确地讲出来之后，很多企业都来学习这本书，包括曾经在同一时期被通用汽车超越的福特汽车公司，也开始重新调整自己并再度和通用汽车并驾齐驱。这个时候，管理学在企业界的真实影响力才被释放出来。因为只有管理学真正指导了企业的实践，得到了企业的认可，才会有人主动来学习这门学问，而在反反复复的应用和不断总结当中，管理的规律也不断成熟，才有了这门学科。

所以，无论是管理学还是组织行为学，"实践性"都必不可少。虽然是一门学科，但必须有"实践界"的认可，形成影响力，才能让这门学科越走越远、路越走越宽。

就像管理学大师查尔斯·汉迪所说的，早年他到商学院找工作，想去教管理学，常常被拒之门外，认为这个学科没有太大用处，直到德鲁克的出现改变了这个局面。在中国更是如此，德鲁克恐怕是对中国企业界影响最深的西方管理学家之一了。从这个角度来看，我们很多学者和研究者，包括很多学习者在内，其实都是以德鲁克为代表的这些管理学拓荒者的受益者。

勤奋带来绩效

除了内容上的贡献，事实上，德鲁克的人生本身就在演绎着组织行为学的重要规律，可以被视为组织行为学观察人格的案例。来看看德鲁克身上有哪些可能值得我们借鉴的地方。

有定力

首先是要坚持自己的价值观，不要受外界环境干扰。

或许是时代的诱惑太多、变化太快，社会整体太浮躁，或许是每个人内在的价值观不同，今天太多人总是会轻易受到外界的干扰而迷失自我。不信你可以问问自己是否有这样的习惯：总是想看看别人怎么活，然后再活给别人看。微信朋友圈就是一个典型例子。试问，我们自己内在的价值和定力在哪里？

其实德鲁克并不是管理学出身。当然道理很简单，那个时候还没有管理学，至少也是极不成熟的。他最早是一名社会学者，早年在社会学和经济学领域都有一定的研究基础。但是，在做完社会学的两部重要研究著作之后，也就是在 20 世纪 30 年代末期相继出版的《经济人的末日》和《工业人的未来》之后，他提出了一个根本的论断：社会要前进，靠的不是个人，必须依靠组织的力量。

组织是社会构成的基本单元。一个社会或者一个国家要变得富强，必须有大量的优秀组织。组织这个单元既保证了社会的繁荣，也成为个人成长和发挥价值的平台，是帮助人实现信仰和理想的地方。所以，把优秀组织成功的原因找出来，是促进社会进步的根本。而当时最优秀和有说服力的组织，莫过于那些可以在市场上取得巨大成功的大企业了，所以德鲁克决定去研究企业。

但是，当时的德鲁克受到很多领导和同事的"阻挠"。他们都劝德鲁克不要进入这种前途不明的领域，都告诫德鲁克别去转型，社会学本来已经做得不错，这样下去很可能会毁掉德鲁克的学术前程。当然，这些人应该也是出于好意，因为那时企业和其中的规律管理学的确太不成熟，但德鲁克坚持了自己的选择，并且付出了毕生的精力。从这个角度来说，他又何尝不是"管理学之父"呢？另外，他研究管理学的逻辑恰恰是服务了社会，丰富了社会学科的新分支——管理学，谁又能说他离开了社会学呢？

持续努力

其次是保持一生的勤奋。我们都知道一句话：一个人做一件好事并不难，难的是一辈子做好事。对于我们来说非常有学习意义的是，德鲁克一生都非常勤奋，直到2005年11月11日96岁离世之前，他几乎一直都在写作。

很多人都尊称德鲁克为"大师中的大师"，究其原因，或许正是德鲁克先生一生的勤奋。

德鲁克一生出版了将近40部管理学著作，这些著作跨越的时间从20世纪30年代一直到21世纪初期，他有差不多70年的时间都在连续写作并将作品公开出版。不要说在管理学领域，这在任何领域都是非常难得的。

20世纪三四十年代，他的作品是和巴纳德这些老一辈的管理学大师一起发表的，而在后面的60年中，德鲁克见证和陪同一代又一代的管理学大师的成长。在20世纪90年代成名的柯林斯等新一代管理学大师诞生之时，德鲁克和他的作品仍一直活跃在管理学的舞台。当柯林斯等很多后辈都被称为大师时，德鲁克自然已经是"大师中的大师"了。不少人都知道"营销学之父"科特勒，可是对于这个称呼，科特勒自己却说，如果自己是"营销学之父"，那德鲁克就是"营销学鼻祖"了。

事实上，除了将近40部著作之外，德鲁克还有将近40篇论文发表在《哈佛商业评论》上，这也是一个很难打破的纪录了。

三百六十行，行行出状元。如果做一个类比的话，德鲁克有点像是功夫电影里面的成龙。已经60多岁的成龙至今仍活跃在大银幕上，在几十年的电影生涯中，他伴随了几代动作演员的成长。而德鲁克也伴随着几代管理学大师的成长。

我们不是只关注这样一种头衔或者称号，更不是将它当成一个玩笑来看，而是要去体会和学习这个"光环"之下的道理。

德鲁克一生的勤奋已经向我们展示了组织行为学中的黄金定律：绩效来源于行动。这个规律贯穿了组织行为学的理论体系，组织行为学谈个性和认知，谈激励理论、领导理论和变革理论，目的都是鼓励人做出积极的行为，进而取得绩效。

所以，"组织行为学"首先是个"行为学"，我们要看到"组织"这个关键词，但更不能忘了"行为"这个关键词。少了这个部分，组织就不会取得绩效。

保持积极

这里把德鲁克说得这么好，难道德鲁克就没有缺点吗？当然一定会有，人无完人。不过，这里更需要说明的是组织行为学的另外一种对待事物的方式，即"积极"地看待事物。

组织行为学和另外一个邻近学科——积极心理学有一个共同特点，都是用更加积极的眼光来看世界，并且做出更加积极的行动。

所以，最后值得学习的就是德鲁克始终主张的积极观点。借助德鲁克"用人所长"的观点，我们去看别人的缺点，努力去抓住别人的小尾巴，对我们自己其实是没有什么好处的。重要的是能不能看到和学习别人的优点，能不能发挥别人的长处，这是我们自我管理时要做的工作，也是管理者管理员工时要做的工作。

这样来看，德鲁克的"挖井"故事已经告诉了我们组织行为学的公理：要取得成效，就要有内在的定力，排除外界的干扰，并且要为之付出持续的行动。这一点没人可以取代，因为除了我们自己以外，没有获取绩效的其他决定因素。

第三章 | "接地气"的柯林斯 |

德鲁克之后，就有必要介绍吉姆·柯林斯了。无论是做研究还是做咨询，柯林斯都算是西方最像德鲁克的管理学家了，《财富》杂志直接把他称作德鲁克之后最有影响力的管理学思想家，《哈佛商业评论》和《快公司》等顶尖杂志也发表了他的很多文章。

柯林斯和德鲁克之间的确有一些渊源。柯林斯比德鲁克小 50 岁，生于 1958 年，现在已经 60 多岁了，《基业长青》是他的成名作，这部作品至今依然在世界各地畅销，和德鲁克的作品一样。在《基业长青》出版之后不久，那时已经年近 90 岁的德鲁克主动联系了这位年轻人，对他表示赞赏，柯林斯也千里迢迢赶去拜见了德鲁克，这种前辈和后辈的惺惺相惜是一种非常美好的精神传承。

为什么柯林斯的研究取得了如此大的影响力，并且引起了德鲁克的关注？弄清楚了这个问题，会从方法和内容上给学习组织行为学带来很大帮助。

从研究风格来看，柯林斯是和德鲁克一脉相承的。德鲁克从研究一个优秀企业开始；到了柯林斯，则开始研究一批优秀企业，寻找它们的共性。在德鲁克和柯林斯中间，实际上还有一个人也很有影响力，就是畅销书《追求卓越》的作者托马斯·彼得斯。彼得斯也研究了多个优秀企业，不过等柯林斯出版《基业长青》的时候，后者把这种方法论演绎得更加成熟了。

寻找成长的真相

在研究方法上，柯林斯引入了一个新的关键方法——比较研究，这也是组织行为学和心理学等社会科学的重要方法。

这种方法会先选择一对研究对象，比如，选择两个人或者两家企业，一个相对普通一点，另一个更加优秀一点，然后去比较两者的差异，再从中找到优秀的真正原因。如果没有对比，有可能最后找到的因素就不是最关键的因素。

如果我们说一个人的成功是因为他读了很多书或者有很高的学历，马上就有人能举出反例：有很多人没读过那么多的书、学历也不高，但照样很成功，而且也有很多读了很多书的人和高学历的人并没有成功。这就说明我们没有找到其成功真正的原因。

借助比较研究，就更有可能找到真原因。找两个学历相同却有不同成就的人，看看差别在哪里，这就把学历这个因素控制或者排除掉了。有人认为一个人的成功是因为他是"富二代"，我们可以采用同样的方法，再找来同样都是"富二代"却有不同成就的人，看看他们真正的差别在哪里。

还有企业或人把自己的失败归结为命不好、大环境太差，或没有赶上好时代。还是同样的方法，找到在同样不好的环境中取得了不同成就的两个个体，看看他们真正的差异在哪里。

这就是比较研究的方法，要找到内在的根本原因。这也是组织行为学研究所主张的，要去激发一个人内在的潜能，而不是从外部环境和运气等方面来找原因或者是借口。只有这样才能找到真正的原因。

柯林斯对比的正是那些在相同时期创业的，并且处在相同行业的企业，这样的话，就不能将成功与失败归传于外部因素了。这些外在因素都是成长的假象，内因才是真相。遵循这样的方法论找到的研究结论会更有说服力，再加上柯林斯做了大量的对比研究，就更有说服力了。

与很多学者通过问卷的统计实证研究方法相比，柯林斯对于组织成长的研究更加真实，《经济学人》直言，柯林斯胜过了美国管理学研究的实证方法。

不变中有变，变中有不变

从研究内容来看，柯林斯确实把握了组织的重要问题并且得出了有价值的组织行为结论。

变或不变，只为成长

20 世纪三四十年代，在德鲁克研究美国企业的时候，优秀的大企业屈指可数。此后，美国企业经过五六十年的集体成长，涌现出了一大批成功企业。这些企业很多都已经接近或成了百年企业。这给柯林斯创造了极为丰富的研究素材。所以，研究主题也从研究"一个企业怎么长成大企业"，发展为"怎么才能让一个企业长青"，因为不存在"大而不倒"的企业，大企业倒下的也比比皆是。

有意思的是，围绕着这个主题，柯林斯还融合了中国的阴阳太极文化，把这些长寿企业在组织行为上的特点总结为：保持核心、刺激进步。借用中国文化，更简单地讲，就是"不变"和"变"。

核心价值理念始终都在坚持，但自身又在跟随环境的变化而不断做出改变。所以，这些百年企业并没有一味地改变，也不是为了改变而改变，而是改变中有坚守，改变是为了服务于自己的目标和价值观，因此，是"变"中有"不变"。

同样，"不变"中也含有"变"。这意味着企业的价值观念本身又是在与时俱进、不断发展的。比如，一家企业说自己要成为把某种产品做得最好的那个企业，可是，当这种产品已经不合时宜的时候，组织的观念和行为就必须跟着改变。当然，对品质的追求是不变的。从这个角度来说，相比做"产品专家"，做"顾客价值专家"或者"方案专家"的表达要更准确一些，因为在专业品质的范围内可以容纳更多的变化。

试想，今天我们再花 10 年练就铁砂掌的意义是什么？有百年历史的诺基亚今天不再风光，问题可能出在哪里？

或许原因正是违背了组织行为的这种规律：不变和变。这种规律用组织行为学的术语来表达，就是组织文化和组织变革。所以，一个优秀的组织必须兼顾组织文化和组织变革，组织的行为是一个系统工程，不能只顾一面。

如果继续追问和总结，是什么样的组织文化和组织变革？就会总结出一个非常根本的组织行为规律：组织文化必须是包容变化的文化，而组织变革必须是价值明确的变革。

虽然我们通常讲要坚守企业文化，但是，一种只会"不变"而不会"变"的企业文化就不是真正有竞争力的企业文化。同样，虽然我们通常说组织变革要转型，但是一种为了转型而转型的组织变革也不会成为有效的组织变革。

要有主心骨，不要盲目变

在组织的发展方向上，不论有多少业务，都应该有一个核心，作为成长的基点。学术概念当中有一个在实践领域非常有影响力的概念，叫作核心竞争力，正是在表达这个意思。

表面上看，两家公司都是在做同样的 10 个业务，但是一家竞争力明显不够，而另一家企业则富有竞争力。原因在于，更富有竞争力的那家公司所有的业务都是围绕着自己的核心优势展开的，发挥了协同创新的优势，每个业务都有清晰的战略逻辑和能力基础，所以更有竞争力。而另外一家公司的 10 个业务全都是盲目跟风，别人做什么自己就跟着做什么，为了转型而转型，为了成为多元化的大企业而展开多元化。所以，表面上看相似的两家企业却有着完全不同的竞争力。

这个研究结论是学术界观察 20 世纪 80 年代日本的电信企业反超美国企业得来的经验。华为能够保持领先也是同样的道理，这家企业没有在 21 世纪初期很多中国企业都在做手机时做这个业务，而是基于自己的核心研发能力和产业链布局，在移动互联时代全面向终端发力，这时候手机业务成为华为连接消费者的载体，因为这种明确的价值判断，才驱动组织做出了有效的转型。

组织行为学和生活

组织行为学需要先修炼的是两个字——"观察"。只要我们善于观察现实中的现象，生活现象也好，企业现象也好，自己的体验也好，就可以从中发现规律或者把规律放在其中，加以解释和应用了。

柯林斯就是典型的例子。"保存核心、刺激进步"是整体的结论，如果认真去学习当中的细节，会看到柯林斯很多有意思的发现是和生活密切相关的。

在努力工作的同时，柯林斯也一定是一个热爱生活和关心生活的人。纵观他对组织行为的研究，从中可以总结出四个来源于生活的智慧。

像钟表一样永续运转

第一个是要"做一块表"。有一个人很厉害，他可以准确地报时，告诉大家现在几点了。但是当这个人不在的时候呢？

所以，做企业其实是在做一个可以永不停歇的钟表。不论创立者在或不在，这个企业都能存在，都能继续给人们做贡献，这就是一个优秀的组织。人的生命是有限的，但是组织却可以超越人的寿命，基业长青。因此，组织要关心接班人的问题，要关注结构和制度的问题，只有做好了这些方面的安排和设计，才能让一个组织不依赖于某一个人而存在。

用动物精神表达文化

第二个是要像一只刺猬。狐狸很聪明，刺猬和狐狸相比，在聪明程度上看起来可差多了，但是双方交手，狐狸想打赢刺猬，总是不能得逞，为什么呢？

原因在于，刺猬虽然不会别的，但是它有一身刺，一遇到攻击，就缩成一团。这一招，就保住了自己的性命。所以，对于组织和任何一个个体而言，要让自己立命，不一定要非常复杂，不一定要什么都做，但是必须有一个让自己活着的本事，这就叫作核心能力或者专长。这就是刺猬的启示。

是不是一定得像刺猬一样呢？或者说，除了刺猬，是不是还可以向其他的动物甚至是某种植物学习呢？

当然可以，重要的是理解原理并能举一反三。只要某种动植物的行为特征和生长特征对组织管理有帮助，就可以借鉴。

在行为上提倡"像某种动物"更是企业文化管理常用的技巧。借助某种动物的特质，可以直观地让大家知道组织需要什么样的品格和行为。这些行为可以集中体现在某种动物身上，从而给人非常清晰的方向感。

华为的企业文化是：华为员工要像狼一样，要对市场有敏锐的嗅觉，要能吃苦，同时还要能彼此帮助。一个团队也可以讲狼的精神，就像是大热电影《战狼》中的战狼中队，这个名字已经说明了对团队和个体的行为要求。

TCL集团股份有限公司则比较提倡老鹰的精神，因为鹰的寿命比较长，据说可以活到70岁，但是，它在中年时器官会老化，自己必须忍着剧痛拿掉这些老化的器官，并且忍着剧痛，花很长时间等待新的器官重新长出来，之后就又可以展翅高飞，重获新生，这样的品格给曾经处于失落期的TCL以极大的鼓舞。

这就是借助动物的优秀品格和行为来塑造组织和人的行为，进而让组织和人成长起来，变得优秀。

保存体力，打持久战

第三个是别跑太快。柯林斯是个登山爱好者，他同样运用对比方法研究了两个人。

假设有两个人的出发点、目的地还有路线都是一样的。他们都要走几千里的路程，长途跋涉，翻山越岭，历经春夏秋冬才能到达目的地。我们来比较一下这两个人，看看一个是怎么成功的，另外一个是怎么失败的。

失败的人在天气好的时候狂跑，结果到了冬天和遇到雪山时，身体透支得太厉害，已经完全没有体力支撑自己走下去，只能半途而废。

　　而登山成功的人，即便天气再好，他都给自己留点力气，以便在天气不好的时候，让自己可以用同样的速度继续往前走。所以，他的整个行程基本都是在匀速往前走。他没有在天气很好时跑得超快，每天飞奔40公里；也不会因为糟糕的天气而停下脚步，不会因为天气和对手而打乱自己的节奏，就是每天前进20公里，不快也不慢，但从未停止，最后成了胜利者。

　　事实上，最伤人的莫过于当连续出现大好天气时，便一个劲地猛跑，以为这是在充分利用大好时光；可当一场冰雪风暴突然来临时，就足以给体力透支的人致命一击。

　　这个小故事已经容纳了组织行为的大智慧：个体和组织的成长是一个持续的过程。想想看，有多少企业在金融危机中倒下是因为之前"烧钱"烧得太厉害，让自己在暴风雨中没有"体力"存活了呢？所以，组织所做的决策，是有限度的理性，不是无限制的最优，不可一味地"贪得"。

　　柯林斯给这个原理起了一个名字，叫"20公里征途原理"。只要我们可以保持内在的坚定，不受外部环境的干扰，也不过度自我消耗，而是给自己留有余地，未雨绸缪，就可以持续地走下去，完成长途跋涉。

　　中国书法讲究"留白"，太极拳要求"松空"，道理也是相通的。如此来看，人生和工作都是一个修行的过程，不是急功近利，而是要修得内心的坚定，才能远行。

　　曾经快速把市值做到千亿元的乐视在之后受到各种各样的挑战，原因也在于此。组织从某种程度上说确实比个人有优势，人只有一条命，但组织可能不只有一条命，并且，人的生命没有组织长久。从这个角度看，组织和个人都有复原的可能，并且组织拥有更大的成功概率。

　　所以，对于一个身处困难中的人或组织来讲，跌倒并不可怕，关键是能不能回归理性，重新积蓄，再稳步前进。这样的话，从长远来看，一定会有逆境重生的机会。

节约资源，注意资源分配的有效性

第四个是小试牛刀。在打对方时，不要用炮弹去探测敌人在哪里，发射了好几枚炮弹，最后终于看到敌人了，但是炮弹却被用没了，结果被对方消灭了。

炮弹应该先留着，不要大材小用。先用子弹判断方向，试探几次之后找准方向，这时候再全力开火。这就是组织创新的逻辑，毕竟组织的资源是有限的，未必上来就要"出大招"。要像跑长跑一样，留些体力给自己，留有余地。

更重要的在于，不要浪费资源，不要乱用蛮力。先小试牛刀，试探准方向之后再真正发力，这样就能把资源充分利用起来。好钢用在刀刃上，才是组织行为的有效性所在。

因此，节约不只是个人生活的美德，也是组织经营的奥秘。

别样的文化打造方式：共同读一本书

别小看这些看似很简单的道理，这些道理影响了很多实践者，包括一些中国的知名创业者和企业家。

马云和柳传志说他们两个人有很多共同语言，对于企业发展有共同的愿景，原因是两个人在创业时期都读过《基业长青》一书。阿里巴巴一直努力打造在使命驱动下的百年企业，联想更曾组织公司员工集体阅读这本书，并且，公司员工阅读同一本书还有一个好处，就是有助于全体员工形成统一的价值观，这本身又是"企业文化管理"的技巧。

如此一来，就可以补充第五点简单的智慧：读一本好书。当中有两个要领：一是"共同"读，大家一起来读；二是读"一本"书。当然，未必只读一本，至少不要读得太分散、差异太大，如果每个人读的书观点存在很大冲突，读完之后就会"公说公有理、婆说婆有理"，反而破坏了共识，造成混乱。"共同"和"一本"，代表了大家的共识和同心，这正是企业文化的本质。

其实，读一本书和学习一种动物的道理是一样的。书和动物都成为象征企业战略意图和行为要求的载体。因此，在组织管理当中，读书的工作是有选择性的，而不是任性阅读，这也是组织管理的理性所在。

找到一本可以代表组织现阶段所倡导的观念的书来给员工读，就是在给员工提供清晰的行为方向和准则，这样的书就是适合大家阅读的"好书"。好书一定会对组织和人的成长有所帮助。当人们迷茫而不知所措时，或许一本书就能够帮助大家安定下来。这时候，书就"活化"为组织的精神和人们的行动了。这是书籍作为智慧载体的力量，也是大家一起学习，建立共识的力量。

发现美好的行为智慧

只要善于观察，每个人都可以学好组织行为学。不论是看动物的行为、一个人的行为、群体的行为还是组织整体的行为，只要善于发现，都能从中找到更好的行为，让自己朝着更好的方向改进，这不正是行为学的来源和应用吗？

从这个角度看，人人都可以是组织行为学家，都可以在生活中学习和提升自我。在这一点上，可以借鉴心理学的发展，心理学中用得最普通的一本书叫作《心理学与生活》，从中便可知道，生活对于心理学的重要性了。

到底如何来学习组织行为学呢？

坦白说，组织行为学虽不高深，但也不简单。学习组织行为学并不需要有太多理论基础和数学功底，但也不是简单地读读书、上上课就够了。组织行为学的学习方法其实是一个比较理性和连贯的认知方式。结合阅读，从观察、思考、总结到行动，做到这一连串行为，就是在运用组织行为学的学习方法了。

工作与生活的协同

如果我们真的热爱工作和生活，就可以把两者平衡好，因为工作和生活之间并不是冲突关系。如果我们把工作和生活当成是相互冲突的，就会发现永远没有办法取得两者的平衡。

事实上，工作和生活可以形成一种协同关系。工作可以为生活创造财富，也可以享受工作，把工作当作生活的一部分。反过来，当我们认真享受生活和感受生活时，也会从中获得智慧和启迪，这些智慧是可以改进我们的工作方法的。

工作和生活的平衡是现代组织行为学面临的一个重要问题，从冲突到协同，或许就能找到答案，让问题迎刃而解。

柯林斯本人也可以看作是一个案例。柯林斯算是一个"低调"的名人，我曾经通过柯林斯的助理了解到，他平时主要做三件事情：一是飞到各地去上课和做咨询，比如教授西点军校的领导力课程；二是在自己的研究实验室做研究和写作；三是陪伴家人参加登山运动，他是一个不折不扣的登山爱好者，家就住在山下，而这样的生活方式也成为他研究过程中的重要灵感来源。

最后，不妨再补充一个柯林斯和德鲁克的相同点：他们都是坚持自己价值观并敢于行动的人。其实柯林斯本身就有着与众不同的阅历，他早年在斯坦福大学任教，30 岁的时候还获得过教学奖励。此后，他辞掉了大学教职，回到他的老家。他的老家位于科罗拉多州落基山脉之下的一个僻静小镇，他在此建立了自己的管理研究工作室，若干年后，孕育出了一系列产生重要影响的管理作品。

|第四章| "东方管理学家" 苏东水|

谈到国内组织行为学的代表人物，按照时间顺序的话，复旦大学的首席教授苏东水算得上是这门学科在国内最早的代表人物之一。当然，那个时候它还不叫组织行为学，而是叫管理心理学，但内容上已经是在借助心理学和行为学来进行有效的组织管理，所以，国外也有人把组织行为学称为管理心理学或组织心理学。

出生于1931年的苏东水先生现在已经年近90岁，他这一代中国学者的研究历程在某种程度上也见证了管理学这门学科从西方到中国的发展路径，从引进、吸收、消化再到创造出中国自己的管理理论。这代人算是中国管理学发展的先驱。

另外，不妨留心一个细节。如果要列出中国的管理学家或者是有影响力的管理学者，八九十岁高龄的屈指可数；而如果是列出中国的经济学家，算上已经过世的学者，年过百岁的都有。从整体数量上来讲，资深的经济学家是多过管理学家的。原因其实在于，管理学是一个相对年轻的学科，而在中国发展的时间就更短了。事实上，目前中国主力的管理学家年龄多在五六十岁。当然，苏东水也从事产业经济研究，是管理学家的同时也是一位经济学家，但是如果从价值贡献的独特性角度来讲，更确切地说，应该尊称他为"东方管理学家"。

获得知识需要下功夫

苏东水这代人是西方先进知识在中国最早的传播者和研究者，通常掌握了较为全面的知识体系。苏东水在产业经济学和管理学上都有深厚的造诣，在这些全面而扎实的理论基础上，创造或发展出了有中国特色的理论。

这个路径对今天的学习者而言是非常有启示的。在知识经济时代，在知识爆炸、知识付费同时又是环境飞速变化的今天，最大的问题在于，知识可能变成了"快餐"，并且，知识看起来很容易得到。但事实上，知识并不是花钱就能买来的，而是要花功夫才能得到的。要想真正理解和吸收知识，形成自己的知识体系，关键不是付费的问题，而是要付出时间和努力，这是中国这些先驱者特别值得我们学习的地方。他们用几十年的时间去吸收和消化知识，我们今天是否愿意这样付出呢？

管理若水

国内组织行为学代表人物首先说苏东水，从内容上来看，他创造了一门理论或者学派，叫作"东方管理"学。

顾名思义，这个学派的内容一定是蕴含了东方的智慧，再结合西方的管理智慧，这样我们对于管理的理解和学习就会更为系统。东方管理的两个核心要点，对于组织行为学而言是特别重要的。

第一个要点是，管理若水。这四个字是苏东水在20年前率先提出来的。这个观点表面上看着简单，实际上理解起来还是比较有难度的。

水特别有东方文化的特征，从老子就开始讲"上善若水"。但凡遇到中国传统文化的东西，理解起来的确可能会有一些难。一个很重要的原因在于，我们古人写东西实在是太"简单"了，字数都非常少，可能就是一个字、三个字或者一个成语、一句诗词，很少有长篇大论。不过，字数虽少，但概括性又很强，融入了大量的生活经验和智慧。《论语》通篇下来也没有多少字，但却蕴含了丰富的哲理。要突破这个难点，的确需要进行深入的思考，要用现实或者说真实的情景来解读这些智慧。

"水"字就是最为典型的代表。水很灵活，这可能是多数人对于这个字的第一反应。不过还要深入分析，孔子说，"知者乐水、仁者乐山"，但山和水又是有讲究的。

仔细观察会发现，一般来说，大陆国家、内陆地区及山区的发展会相对缓慢一些，而海洋国家和地区则会相对快一些，差异其实就有山水文化的因素在里面。

海洋国家的人更容易接触到外面的世界，更容易接触到各种不同的人和事物，更容易感受到新的变化、新的种族、新的文化，所以，更容易出现商人，而商品也有更多、更为广阔的销售渠道和通路。这种开放性直接带来了商业的繁荣。相比之下，内陆地区就相对闭塞，商业机会相对少，反而农业会更发达一些。所以，中国古代讲"士农工商"的顺序，把农业排在商业前面，不是没有道理。

这样来看，中国的传统文化在现实当中更像是"山"文化，会相对保守。但是，在今天变化的新世界当中，尤其是经济全球化的加速，特别再加上互联网时代的到来，经济发展必须依靠商业的崛起，而商业管理必须有足够的开放性，才能把握全球化和互联网的机会。这种开放性是中国的管理所急需的，也就是"水"文化的隐喻。管理必须促进商业或者企业的发展才有意义，所以，一定要"管理若水"。

人为和为人

第二个要点是人为和为人。"人为（wéi）为（wèi）人"这四个字是东方管理学的核心规律。如果在今天所处的时代背景下，用组织行为学来对这四个字进行深入解读的话，这四个字实际上是包含了两个部分的内容。

事在人为

一是"人为"，也就是说"事在人为"。如果把管理要做的事情理解为完成目标或者绩效，那么要把事情做好，关键的核心在于人。具体来说，要看是否能释放人的价值。

这绝对不是一句空话。现实当中我们常常混淆了事情成败的原因，到底是"成事在人，谋事在天"，还是"谋事在人，成事在天"？不管是哪种说法，比较中庸的思想往往只是说，人在当中只能起到一半的作用。而按照天时、地利、人和的说法，人在当中的作用更是只有三分之一。

在中庸的文化当中，我们不太会认为人的潜能是无限的。这种观点不能说不对，但是有可能会影响人们自我效能的释放。对于今天的组织管理而言，最大的浪费正是在于人的价值不能被充分挖掘出来。看看那些最优秀的企业，一定是年轻人贡献了超出我们想象的价值。那些真正优秀的企业家或者创业者，实际上是因为他们最大限度地运用了"天时"和"地利"的机会，而不是因为"天时"和"地利"本身，所以，根本在于人，这就是"事在人为"的逻辑。

因此，在讲天时、地利、人和的时候，不能忘记，另外三分之二的内容"天时""地利"也是需要人来开发的，需要"人为"才行。一切成效都离不开"人的行为"，这就是"人为"。

利人利己

另外一个部分是"为人"。这两个字体现的是一种外部导向的价值观，也就是要利他。要为他人考虑，利人利己，和谐共处。

前面讲事在人为，但是，人做事情，不论是企业家创业，还是一个员工去完成工作任务，每一件事情都要有利于他人才能做成，一定不是完全只为了自己，不是自私自利的。这一点至关重要，因为这是创业成功的基础，是有效合作的基础，是组织内部稳定的基础，是组织内外部可以进行合作，进而搭建起一个具有真正竞争力的价值网络和生态系统的基础。缺失了"为人"的价值观，组织的任何行为都会失效。

医院要救死扶伤，企业要为顾客创造价值，学校要为学生着想，作家要让读者有收获，老板要为员工的成长考虑，员工也要考虑老板的所需，组织内部成员要相互关心，组织和伙伴之间要相互扶持，等等，这样就会形成良性的组织行为循环，会让组织因为持续有效的合作而健康长寿，这正是组织的初心。

人为和为人缺一不可

人为和为人都有各自的内涵，同时，两者又是紧密相连的。要激发人的行为，就要为人考虑。

不论何种行为学，人的行为激励都是重点内容。组织行为学关心如何激发员工的工作行为，消费者行为学关心如何激发消费者的购买行为，这些都是"人为"的表现。因此，对于组织而言，"事在人为"意味着，组织的成功实际上依赖于员工和顾客的贡献。但是要得到员工和顾客的贡献，就必须同时为员工和顾客创造价值，也就是要做到"为人"。因此，激励理论在探讨如何激发人的行为时，就一定要去谈论人的需要问题，所以就有了各种各样的需要理论。

只有了解并满足员工和顾客等合作伙伴的需要，组织才能获得他们的贡献，通过这些人的作为（人为）来为组织做事。因此，人为和为人意味着，要发挥人的作为，同时也要为人考虑，两者缺一不可。

仔细想想，很多在行为方面的无效，不论是针对消费者还是员工的，很可能都是只关注了人为而忘记了为人。如果一家企业很强调人的重要性，要求员工来贡献，期望顾客来购买，但是并没有真正为员工和顾客带来好处和创造价值，这样就不会获得成效。

当然，也不能只会做为人的工作，而忽略了人为。在关心顾客和员工的同时，也要看顾客和员工能否对组织做出贡献。企业组织不是公益机构，厚此薄彼，一定是不可持续的。即便是公益事业，在为人的同时也需要人为的反馈，任何组织要想生存都不能只顾一面。

管理若水、人为和为人，这就是东方管理学中蕴含的组织行为智慧。

第五章 "人力资源引路人" 赵曙明

苏东水是国内较早引入"管理心理学"的代表人物，而南京大学资深教授赵曙明则是国内较早引入"人力资源管理"的代表人物，这两门学科都和"组织行为学"息息相关。

从时间来看，不论是组织行为学还是人力资源管理，都是伴随着心理学等社会学科的发展而不断产生出来的分支，把心理学的原理用于发现和解决管理问题的时候，组织行为学和人力资源管理就应运而生。因此，心理学偏基础，组织行为学偏应用。

从内容范围上来看，组织行为学所涉及的范围相对较广，涉及组织内部的各个层面，既有员工的行为，又包含了组织的行为，人力资源管理则更多是在员工的层面上。因此，人力资源管理更微观，组织行为学更宏观和系统。

战略人力资源管理

对于人力资源管理的理解，从传统的"人力资源管理"到现代的"战略人力资源管理"，人力资源管理和组织行为学的距离更近了，因为整个人力资源管理系统都要跟组织的战略行为匹配起来。

对于战略性的人力资源管理来说，说到底，其本质问题是人与组织的匹配。人力资源的价值观能不能跟组织的价值观相匹配，人力资源的配置能不能满足组织的战略需求？如果不能，就会让人力资源的行为与组织所期望的行为相违背，组织的战略目标也无法实现。这时，组织就失去了有效性。

所以，在人和组织匹配的问题上，组织行为学会关注两方面的问题：

一是价值观的一致性问题。也就是说，个人目标要和组织目标合二为一。而组织目标更多是战略性的，是公司整体的价值观念。

二是能力或者说人力资源的互补性问题。围绕组织目标，组织管理工作要问：还缺什么？也就是说，组织要以战略目标的实现为基准，寻找实现这个目标的资源。

要特别注意顺序，是人力资源为了目标服务，不是为了配置资源而配置资源。当资源不够时，即所谓的"低配"，目标就实现不了；而配置过高也不好，会造成资源的浪费，同样会降低组织的有效性。

因此，人力资源管理不是"无头苍蝇"。对于人力资源管理而言，一定要为了有效地实现组织目标而进行相应的资源配置。换句话说，人力资源管理的核心问题在于，找到或者培养出实现组织目标的人。由此来看，"战略人力资源管理"对于组织行为的有效性而言，是非常重要的保障。赵曙明正是在国内较早倡导这个概念的代表人物。

看不见的手：组织行为部

将组织战略和人力资源管理匹配起来是非常重要的一个原理，因为沿着战略人力资源管理的思路，我们可以举一反三。

财务管理也需要和组织战略匹配起来，需要找到实现组织目标的财务资源，将人力资源、财力资源和组织目标匹配起来，才能形成人、物、事的辩证组合，所以又会有战略性的财务管理。

还可以继续推理，研发管理、生产管理、营销管理也需要和组织战略匹配起来。研发管理、生产管理、营销管理必须能提供实现组织目标所需要的产品和服务，所以还需要战略性的研发管理、生产管理和营销管理。

这时，我们就会清楚，一个企业里面要有人力部门、财务部门、研发部门、生产部门和营销部门，以此来完成战略目标。不过，这么多部门里面，唯独没有组织行为部门，这个部门究竟在哪里呢？人力资源管理、财务管理、营销管理这些都能找到所属的部门，而组织行为学似乎没有。

其实，这只是表面现象。在各个部门之间，不论是上下级还是平级之间，我们没有看到的那个无形的纽带部分，就是组织行为部。因为组织行为学所承载的"匹配"功能，不论是战略和各个职能的匹配，还是人和组织的匹配，还是伙伴与伙伴之间的配合，促成这些配对的正是组织行为部这只"看不见的手"。组织行为部就像是一个无形的核心处理器一样，连接着组织目标和各个相关部门。如果一个企业的各个部门不能和组织目标达成这样的一致性关系，组织就会变成一台失去中央处理器（CPU）的电脑，失去有效性。

因此，组织行为部虽然看不到，但必须摸得到，当组织目标可以触及有效的资源时，当部门之间可以为了实现组织目标而相互合作时，组织行为部门便有了真实的存在感，组织行为学的内在逻辑才开始在实践中生效。

人才四识

赵曙明除了提示我们要做到人力资源与组织战略的匹配之外，在对人力资源本身的要求上，他还提出了一个人才的标准：要成为一个真正的人才，不论是卓有成效的管理者，还是任何一个训练有素的人，都应当具备"四识"：知识、见识、胆识、共识。

一个人才首先要有知识。要善于学习和总结知识，这一点不用过多强调，在知识经济时代，对于任何一个知识工作者而言，知识都是必不可少的。

需要特别说明的是见识、胆识及共识。这三点有一个共同的地方在于其实都是用来弥补知识本身的不足的。仅仅有知识是不够的，只讲知识，只看重知识本身，或许会降低自己的见识、胆识、共识。

一个人需要学习知识，但同样需要注重现实世界。知识不是存在于"象牙塔"当中的，一个人去留学也好，吃苦也好，经历一些失败的事情也好，不管有没有学历，最重要的，是增加了对现实世界的"见识"，这对适应世界和改造世界是至关重要的。

相反，如果一个人掌握的知识过多，在知识上过于"较真"或"追求完美"，就有可能降低自己的胆识和共识。因为太过谨慎和严谨，就可能制约了创新能力，失去胆识，太过在意自己的正确和个性，就可能影响自己与他人达成共识。而事实上，除了知识本身之外，实践能力、创新能力及融合能力，这对于任何一个成功者而言都是必不可少的，这就是"四识"的内涵，也是其系统性所在。

学者创业能不能成功，其实考验学者的不是知识，而是见识、胆识及共识。如果一个学者或者高学历的人要创业，后面三者是特别需要补充的。同样，拥有后面"三识"的人也未必拥有知识，要成大器，同样需要学习知识。

总之，要成为真正的人才，"四识"缺一不可。缺哪样，就该补哪样。当然，从广义上讲，这些都可以称作知识，这更提醒我们，知识不能没有见识、胆识和共识，应该通过学习去增加这些系统的知识。

做事先做人

有的大学会开设人才学院来选拔和培养人才。在某次人才学院的面试中，有一道考题是如何成为领导者。一位同学坚持用马云的例子来证明自己是正确的，认为对于领导者而言业务能力不重要，领导者可以不懂业务。麻烦的是，他因此和另外一位评委在现场发生了争执。这位评委是人才学院往届的毕业生，目前处在事业的上升期，所以"劝诫"这位同学要意识到业务的重要性。可是这位同学依然坚持讲马云的例子，并以此来证明那位评委是错的。

这个时候另外一位评委开始和这位同学交流，说这位同学的意思可能是想表达马云并不精通技术，而不是说不熟悉业务，领导者要懂业务才能找人来合作完成业务，这也是马云的优势所在，即便是技术外行，但在商业模式和业务以及与人达成共识上一定有他的优势。同时，他建议这位学生不要总是看今天的马云，而是要看二三十年前的马云，创业阶段的马云恐怕对年轻人来说更有学习意义，任何企业家或许在初级阶段都是一个四处碰壁、摸索经验的业务员。

所以，面试的题目设计的是"如何成为领导者"，而不是"领导者是什么样的"。重要的是看背后和过程中的付出，而不是看结果，领导者的特质是在这些过程和付出中历练出来的。

懂得了这些之后，这位同学开始连连点头。事实上，不论结果如何，这名成绩优秀的同学应该是增长了见识，无论他是否能留在人才学院，当开始懂得理解他人和与他人达成共识时，他就已经向优秀人才又迈进了一步。

组织行为学会谈论一个人的人格特质，会谈论领导者的个人素养，谈论什么样的人格特质和素养会有助于为个人和组织带来绩效，人才"四识"

这个中国式的总结可以为我们带来一个比较清晰和系统的答案。它对于人力资源的主要工作，无论是选人、用人还是引导人的发展，都是一个有价值的参考。

所以，始终扎根在人力资源管理领域的赵曙明有一个非常通俗的观点：做研究也好，做企业也好，不管做什么事情，要想把事情做好，首先得先把人做好。"做事先做人"，这恐怕是对人力资源管理最为精辟和通俗的解释了，而人才"四识"正是为做人的方向提供了指引。

第六章 | "知行合一"者陈春花 |

在国内,苏东水较早引入了管理心理学,赵曙明较早引入了人力资源管理,北京大学和华南理工大学的教授陈春花则是较早引入组织行为学的学者代表。她是学者,但同时更是一个"知行合一者"。和巴纳德一样,她担任过大型企业的首席执行官;和德鲁克一样,她担任企业的管理顾问并且著述颇丰;和柯林斯一样,她扎根于研究本土的优秀企业,并延续了苏东水开展的东方管理学,她也努力探索中国式管理理论,和赵曙明合作研究的《领先之道》一书被誉为中国的《基业长青》,所以,她学习并集合了很多优秀者的长处,并且付诸行动,做到了知行合一。这些正向的行为努力,也正是组织行为学所提倡的积极行为。因为知行合一,她被《福布斯》和《财富》杂志列入中国优秀的企业家行列,如同德鲁克为管理学所做的贡献,陈春花也用实际行动验证了管理学的价值。

中西合璧＝中国理念＋西方标准

陈春花长期跟踪研究了很多中国的优秀企业,发现这些企业之所以可以成为领先企业,在激烈的市场竞争当中脱颖而出,一个重要的原因在于,这些企业在管理方式上能够兼容并蓄，吸收东西方智慧的精髓，进而形成了更适合中国企业的管理方式。这种中国式的管理被总结为一条规律：中国理念、西方标准。

人治与法治结合

事实上，在东方文化当中，我们有很多非常好的管理理念，比如人为和为人。这些理念非常好的地方在于，强调了人的重要性，强调了情的重要性。中国人讲究重情重义，因此，中国管理理念的核心其实是人情，是人和情的组合。这种理念应用在管理当中的时候，实际上是一种"人治"的管理方式。而相比之下，西方的管理方式则更多的是依靠制度和标准，是一种"法治"的管理方式。

两种方式各有利弊，如果只运用当中的某一种方式，就可能会暴露出一些问题。习惯谈人情的企业可能会发现，组织目标没有办法很好地实现，因为总会有人情出现，甚至在选人和用人上都会受到情感因素的干扰，人的行为没有办法受到理性的约束。但是，一个企业如果依靠绝对的法治管理也是行不通的，因为人有社会性，有各种各样的需要，所以，单纯从行为约束的角度看也不够。管理所管的不仅仅是员工的人，还有员工的心。当然，不用"管心"用"关心"来讲会更加准确。

以奋斗者为本

尽管人情管理有其弊端，但在东方管理中，以"关心人"为出发点的理念仍是有益的，值得保留。就像是人为和为人的观点，做事情要依靠人同时也要关心人，这就是典型的优秀的中国管理理念。与此同时，再融入理性的西方标准，不论是重大决策还是组织内部的行为管理，都必须有明确的标准和依据，只有这样，组织目标才能坚定，并且实现组织目标的执行力才能有保证。

就像华为这家企业，可以说它是一家很关心人的公司，因为它的薪酬福利很诱人，整个公司的晋升通道也都是公开透明的，这会让很多人看到成长的希望。但是，从某种意义上，又可以说它并不是一家特别关心人的公司，因为它非常理性，薪酬和晋升全部都有明确的等级标准和依据，所以，华为又很在意这些标准能否得到准确执行。因此，华为提倡的是"奋斗者"文化，这里面包含了对人的关心，同时，也包含了对人的严格要求，那就是奋斗，这种"人法并重"的双元组合为华为保持竞争力提供了保证。

成功＝业精于勤＋一万小时定律

很多人说中国企业成长得非常快，美国企业发展了100多年才走到今天，但是像华为、海尔这样的公司只用了三四十年的时间就成了世界级的企业。这种说法只是表象的，还不够确切，甚至是"高估"或者"神话"了中国企业。客观来说，东西方的任何一个企业都不是天才企业，也没有什么神奇的力量造成了它们神话般的增长速度。

事实上，我们的优秀企业也相当于用了100多年的时间才成长起来，甚至花费了更多的时间。因为当一些企业员工每天工作8小时、每周双休的时候，我们很多优秀企业的员工每天要工作十几小时，甚至牺牲了周末和节假日的时间，这样算来，付出的时间总和并不比国外企业少。

企业和人的成功没有办法依靠运气，也没有办法依靠口号，只有依靠自己实实在在的执行和付出。

勤奋是我们中华民族的传统美德。我们不仅仅要在情感上表达对这种中国优秀理念的认同，更是要拿出具体的标准和实际行动去实践。到底怎么样才算勤奋？要用什么标准来衡量勤奋？如何执行这样的勤奋标准？用行动标准贯彻执行勤奋的理念，正是"中国理念、西方标准"要表达的意思。

所以，不是喊空话，功夫真的是靠时间磨炼出来的。但是，相比"梅花香自苦寒来"和"业精于勤"等中国式的理念表达，我们可能更需要了解的是"一万小时定律"，这是西方人按照明确标准的思维方式的表达。意思是说，要想把一项工作或者一件事情做好，成为专家，至少需要一万小时的积累。

因此，要获得成效，按照"中国理念、西方标准"，我们既要牢记业精于勤的信仰，又要付出一万小时的行动。

上下同欲＝向上管理＋向下负责

在理论描述的部分，组织行为学除了比较多地探讨人的激励问题之外，另外一个比较集中的体现就是领导理论。在领导理论当中，存在两种不同角度的观点。

一种观点是站在上司的角度，认为领导者做不出业绩，是因为员工不配合领导者。所以，问题不在于老板，而在于员工，就像是有人在总结电影票房不好的原因时说，这届观众不行。

另一种观点是站在下属的角度，认为领导者做不出成绩，是领导者不会配合员工。不要让员工来配合领导者，而应由领导者来配合员工，有什么样的员工，领导者就得用什么样的领导方式来对待。对于有些员工而言，他们可能是初入职场还不成熟，也可能是悟性和能力有限，领导者就得在他们身上多花一些功夫，要把话讲得很明白，要提供细致的指导。而对于那些比较成熟的员工，领导者就得多放手，否则，这些人反而觉得不舒服。同样的道理，电影如果拍给艺术家来看，就得高雅一点；如果拍给老百姓看，就得通俗一点。

这两种观点到底哪种是对的呢？其实都有道理。站在领导者或老板的角度来说，第一种观点就是对的，领导者再有能耐，员工不给力、不支持、不配合，也是白搭。而站在员工的角度来说，第二种观点就是对的，如果领导者真有能耐，就应该什么样的员工都能应付得了。领导者高高在上，但又想笼络人心，让员工买账，恐怕是不行的。

回到现实当中，不是争论领导者和员工谁对谁错的问题，而是如果组织目标实现不了，组织没有竞争力的话，那么领导者和员工不论谁对谁错，都是受害者。

还是回到组织行为学的初心来看，要想产生绩效，用西方的话来讲，组织就要做到个人目标和组织目标合二为一；用东方的智慧来讲，就是要做到领导者和员工上下同欲。

要提高绩效，就必须把这两种观点结合起来。这两种观点因为看问题的角度不一样，所以一定会有差异，从而造成了观点的对立，但是，无论是借助哲学的辩证逻辑，还是从管理实践出发，必须进行"对立统一"，把两种对立的观点整合成为一种观点，也就是"向上管理、向下负责"。

"向上管理"是下属要做的工作。作为下属，要学会管理自己的老板，要主动去配合和支持老板的工作。"向下负责"则是老板要做的工作，作为老板，一定要关心下属，按照下属的特点去培养和发展下属。

这个时候，我们会发现，老板和下属的身份就互换了。下属成了管理者，要管理上司；老板成了下属，要负更多责任。这种互换带来的结果恰恰是上下同欲。因为老板心里装着下属，而下属心里也装着老板，阴中有阳、阳中有阴，阴阳融合为一体。换句话说，只有懂得管理老板的员工才能成长为老板；也只有能够对下属负责的上司才配做老板。这就是组织行为的管理哲学。

水样组织

苏东水提出"管理若水"，在此基础上，陈春花提出了"水样组织"的概念。水样组织，顾名思义，就是要做像水一样的组织。

事实上，除了"管理若水"之外，"水"字本身就和组织有不解之缘。仔细观察，"水"字和"永"字看起来很像，差别在于永是从一点开始的。所以，从造字本身来看，当水从一点一滴开始，不断分叉，开出支流时，就变成了永字，可以永远流下去。这正是组织从一件小事开始，逐渐发展到基业长青的过程。

所以，这也是把组织比喻成水的一个原因，好的组织就应该像水一样，不断成长，基业长青。具体来说，水样组织有四个特征。

滴水坚定，才能穿石

第一是坚韧性。一提到水，很多人自然会想到很柔的一面，至少形态上的确是这样，但是，水的深藏不露在于，它是外柔内刚的，所以，犹如滴水穿石，水样组织对目标极为坚定，从不在困难面前妥协。

有些企业本来有自己的目标，但一看环境不好了，经济危机来了，就放弃了努力，就像有人说要每天坚持锻炼，但是一旦天气不好或者自己心情不好，就会放弃锻炼身体，但是水样组织一定不是这样的。不论外部环境如何，始终都坚定地往前走，这是水的特征，也是水样组织的特征。

"滴水穿石"，水滴之所以可以成功穿石，是因为水始终把点滴的力量集中在一点上去突破，如果今天滴这里，明天滴那里，最后即便水源枯竭，也不会击穿石头。

组织的力量来源于个体的活力

第二是个体能动性。滴水穿石说明水强大的力量，来源于持续的努力，而这种努力或者说是力量的来源，其实是水内部的一个个的分子。所以，水样组织的活力根源，来自组织当中每一个个体强大的能动性。

组织和组织之间的差异，在这一点上表现得非常明显。有的组织没有活力，甚至已经到了垂死边缘，其实是因为其中的人没有了活力；同样，想让企业起死回生，重新充满活力，最直接的一个办法，其实是将它交给年轻人。所以，我们也会看到，今天很多中国企业的创始人都已经到了中年，开始着手传承的问题，开始"大换血"，做年轻化的人才升级，其实就是为了保持组织的活力。看看那些走过百年的企业就会知道，人不可能长生不老，但企业有可能做到，前提是始终要有年轻有活力的个体。

当然，不是说将领导换成年轻人，将企业交给新生代，这些人就会自动在组织当中表现出活力，还要看组织有没有给个体提供施展才华的舞台或挑战，比如内部创业的机会，要看组织能不能给个体完成任务的资源和支持。海尔把组织的结构从正三角形调整为倒三角形，目的就是强调个体的重要性。

此外，还要看组织原有或固有的机制有没有抑制或约束年轻人的活力。比如年轻人喜欢快速成长，但是面对十几个层级的高耸的组织塔结构，年轻人要多久才能成长起来呢？所以，要真正释放年轻人的活力，组织就要打破固有的结构，变得扁平化，甚至拆除结构，让每个人自己去做主。就像是海尔提倡的"人人都是CEO（首席执行官）"，让员工自己对客户和订单负责。还有些企业干脆就让员工自己给自己定工资，只要有利于完成目标，可以最大化地激发出个体的潜能。不论采取何种方式，水样组织能始终保持个体的能动性，以此让组织焕发出活力。

在这一点上，如果拓展一点来思考，把企业放在城市里来看，企业也是个体。站在国家层面来看，城市也是国家中的个体。

国家要发展，就要通过改革开放来激活企业作为个体的活力。同样，国家之所以开辟出"特区"来，也是致力于打造出更具活力的试点。

特区中的一些突破传统的特别政策就有可能让其中的企业更具活力。华为创立初期需要从全国网罗人才，但是在政策上会受到约束。因为按照传统的政策，很多人才出不去也进不来，那个时候人才流动并没有这么方便。为了满足个体的活力要求，深圳作为特区，就为高科技企业开通了绿色通道，从而为企业注入了强大的活力。

所以，对于任何组织而言，小到团队和企业，大到政府和国家，要获得力量，激活个体活力都至关重要。

为了川流不息而改变

第三是动态适应性。这里所借鉴的就是水的柔性了。水的内在很坚定，并且拥有很大的能量，但是要真正做到川流不息，还是要灵活地根据外部环境做出改变。这里要注意的是，从根本上讲，水并不是为了外部环境而改变，而是为了川流不息而改变。

水样组织同样是如此，为了可以在不断变化的环境中持续成长，也会改变自己来适应环境。没有任何一个业务可以让一家企业一劳永逸。诺基亚没有办法凭借其在传统手机市场的地位使自身永远立于不败之地；同样，苹果公司能走多久，不是取决于其能否在智能手机市场上占据领导地位，而是看其能否做出适应未来环境的改变。从本质上来看，华为的竞争力不是来源于手机业务，也不是来源于通信设备，而是来源于从通信设备到手机业务的动态适应能力。

因此，对于任何组织而言，没有一劳永逸，只有动态适应。水样组织外柔内刚，当兼具动态适应性和坚韧性时，就会持续表现出竞争力。

通过个体之间的合作贡献协同力量

第四是融合性。融合性其实是在表达一种协同关系。组织一开始往往先做分工的工作。每个个体，不论是一个人、一个部门、一是企业还是一个地区和国家，都可以是一个独立的生命体。人与人之间、上级与下级之间、部门与部门之间、企业与企业之间、企业和顾客之间、企业和政府之间、地区和地区之间、国家和国家之间，因为会有不同的工作、任务或者属性，所以中间是有界限分隔的。

再来看看水的特点，水自己可以有分支，产生支流，但又可以融汇为一体，甚至可以包容万物、和万物融合，从而和身边的一切都可以形成共生的生态。

同样的道理，组织内部的人和人之间、部门和部门之间也不是简单的分工关系，更重要的关系是协作共生，组织和外部伙伴的关系也是如此。因此，个体之间的隔离墙是传统组织结构需要拆除的东西。

在这一点上，最早拆除隔离墙的是通用电气公司。通过拆除隔离墙推动合作，让部门之间合作，让上下级之间合作，让企业和供应商及经销商合作，为通用电气带来了极为强大和迅速的顾客响应能力，也让这家企业在 20 世纪 80 年代之后再次被唤醒。随后，国际商业机器公司（IBM）、华为和海尔等企业都开始纷纷拆墙，把组织的职能从最初的分工转向协同，也只有通过融合，才能释放出"1+1>2"的效能。

因此，水样组织的力量不仅仅来源于激发出每一个个体的能动性，更是来源于对个体力量之间的协同和整合，是以激活个体为基础来激活组织的。

先蓄能，再聚能

事实上，今天组织的竞争已经变成了生态性竞争。就像麦当劳和肯德基的竞争，以及可口可乐和百事可乐的竞争，实质上是麦当劳和可口可乐等联手的价值系统与肯德基和百事可乐等企业组合而成的价值系统之间的竞争。

因此，无论是组织还是个人，必须融入一个更大的价值系统中参与竞争。这个时候，水样组织前期积蓄的能量就发挥了出来。无论是人还是组织，积蓄的能量越强，越能够让自己融入一个更高级的价值系统。如果一个饮料企业做不到可口可乐的水平，就很难融入可口可乐和麦当劳这个世界级的价值链条当中。个人也是如此，一个人想要创业也好，想要进入更优秀的平台也好，前提是让自己用坚韧性积蓄足够的力量，才能融入目标的系统当中。所以，聚合能力的基础，是先储备好自身的能量。

最后要说明的是，在水样组织中，并不是为了像某个样子而成为某个样子。有了水样组织，是不是还有土样组织、火样组织等形态呢？这当然不能异想天开，必须做出理性的判断，而不是为了某种形式而去做创新。就像是华为在竞争激烈的时候说人要像狼，TCL 在事业低谷时候说人要学习鹰的重生一样，组织和人也都可以像水，因为水的特质可以帮助我们在今天动态多变的竞争环境中获得生长，这就是水样组织的根本意义。

第七章 │ 驾驭组织的方向盘

通过对前面这些人物的学习，已经可以大致看到组织行为学的面貌了。

当然，组织行为学还是一门研究组织行为的学科，但是我们的认识应该更加深入一些。

一方面，组织行为学绝不是为了看行为而看行为，其目的一定是在于提高行为的有效性。这门学科的所有原理都是在帮助行为改进，最终来提升人和组织的有效性。

另一方面，组织行为可不仅仅是讲组织的行为，而是在讲和组织有效性相关的种种行为。其中包含了组织当中任何一个个体的行为，由个体组合而成的团队或部门的行为，以及组织整体的行为。

把组织当作一个整体的时候，这个组织也变成了一个大的个体，这个大的个体又要和更多大的个体组织在一起产生各种行为。所以，组织行为是组织作为一个系统的行为。在这种理解的基础上，以前人为借鉴，我们就可以发现组织行为学的四个基本导向。

目标导向：组织成为目标的集合

要知道，组织的确是人和人集合在一起形成的，但是，要很理性地搞清楚，人们集合在一起是来做事情的，是为一个共同目标而存在的。

一群人在一起未必就是一个组织。比如市场上一群买菜的人，即便有目标在，如果这群人各自只顾自己，各做各的，没有一个共同的目标的话，就像是乌合之众或者是一盘散沙，算不上是一个组织，因为他们没有共同的目标。

因此，首先要清楚，组织是一个正式的机构，必须保持理性的认知。大家在一起必须有共同的目标，否则组织就没有存在的必要，也不能成为一个组织。

在这个前提之下，为了实现共同的目标，每个人要承担起各自的任务。因此，在一个正式的组织当中，组织和人在某种程度上而言，都是实现目标的工具或者手段。事在人为，事情或者说目标是排在人的前面的。当然，这不是说人不重要，只是说，人的重要性要体现在对目标的贡献上。

从目标导向的角度来看，组织的本质其实是一个目标系统。组织不是由人构成的，而是由一系列目标构成的。从组织整体的目标，到每个部门或者团队的目标，再具体到每个个人的目标，是这些目标把人们联合或者组织在一起，成为一个组织的。所以，这个时候，组织变成了一个表象，背后的本质则是目标。

组织导向：借助组织的力量

对于每一个个人而言，我们有必要意识到组织的重要性，如果意识不到组织的重要性，很可能在做事情的时候就会出现无力感。同时，不论是作为创业者还是一般员工，也很难有大的作为。组织对个人而言很重要，有以下四点原因。

首先，组织是一个实现个人梦想的地方。

很多人说组织重要时，常常把原因归结于，组织是员工的家。但这种说法忽略了一点：组织是一个理性的正式机构。组织是组织，家是家。一个人只有在工作之外，回到自己的家里和家人朋友在一起时，那个空间才是容纳感情的场所。不过，这不意味着组织和家没有关系。组织对我们来说很重要，它虽然不是家，但却是我们养家糊口的地方，是我们实现梦想的地方，所以它和家庭一样，都是我们不可或缺的场所。

其次，借助组织，我们可以完成一个人做不成的事情。

一个人的力量再大，终究是有限的，看看愚公移山，愚公知道一个人做不成这件事情，但是他的信心来自于，他身后有一个村子的人；如果还不够，还有这些人的无数后代。这就是组织的意义，也是为什么组织可以帮助个人实现梦想的原因。

再次，一个人要放在组织当中历练，才能不断走向成熟。

事实上，如果一个人在一个很优秀的组织里工作了十年甚至更长时间，这会成为一笔非常宝贵的财富。因为组织给人提供历练和成长的空间，人在组织当中可以积累工作能力，可以学会责任和担当，可以学会与人合作，可以开拓自己的视野，可以见证组织的成长，可以养成很多优秀的习惯。所以，人在为组织做贡献的同时，组织也会在人身上留下印记，会影响人的"基因"，塑造人的行为。

最后，组织的寿命可以比人长。

百岁已经几乎是人类寿命的极限，但是有许多百年企业甚至千年企业。这是组织相对于人的优势,但前提是,创造者或者领导者要重视组织多过重视自己,要重视发展他人才能多过个人获取私利,要非常理性地重用年轻人而不受资历和情感的干扰,甚至要果敢地让自己退出组织舞台,只要组织可以往前走。

这的确是组织行为学当中的一个规律,一个成熟的组织是不能完全依赖于一个人的,否则,一旦这个人不在了,组织就不再有活力了。组织并不能依赖于个人,而是要离开谁都能运转才行。长寿的组织一定是可以依靠文化和变化,依靠制度流程,让一代又一代的员工在组织当中不停地运转。如果组织是一块手表,文化和机制才是表的机芯。所以,在某种程度上,组织的确比个人更重要。

个体导向:个体生存需要与任务对接

前面两个导向一个在讲目标,一个在讲组织,合起来就是在讲组织目标。但就像巴纳德所说的,组织管理实际上是要做到个人目标和组织目标合二为一,所以也不能把个人目标落下。

不过,个人目标里面实际上还有一个潜规则。在明面上,个人目标和组织目标合二为一的意思是,要求个人的行为对组织目标做出贡献,这个时候的个人目标就是组织目标。但是,暗含在个人目标里面的真实目标,其实是个人的生存目标。个人生存目标才是个人目标的潜台词。

换言之,要做到合二为一,组织得解决人的生存问题才行。让人"无私"地为组织做贡献和空想没有分别。因为在正式的系统当中,组织是理性的,人也是理性的。所以,人为和为人的理念非常重要,管理者始终要问:自己为个体做了什么?组织对个体的付出和个体对于组织的贡献其实是对等的。

组织行为学和人力资源管理里面有个比较时髦的概念,叫作"梦想管理"。意思是说,老板要想实现组织的梦想,就得实现员工的梦想才行。

方法也很简单，找一个人出来，就叫他梦想管理官。这个人做的事情是去和每一个员工沟通，了解他们的梦想是什么，然后很明确地告诉员工，要实现这个梦想，你在组织当中应该完成什么样的目标。通过这种方式，就做到了个人目标和组织目标的合二为一。

当然，当中的技巧是，要真正关心个体的所需。因为很多时候，一些人满怀理想，但未必很明确地知道现实的需要和目标是什么。所以，在询问梦想的时候，要采用"追问"的做法，刨根问底，一直去追问，直到问到现阶段的生存目标，这样，个人的目标就从梦想落地了。这个时候再来对接个人目标和组织目标，个人为了实现这样的生存目标，需要完成组织给予的具体任务是什么。这样，就同时满足了个体的需要和组织的需要，双方就匹配起来，合二为一了。

把个体生存需要和工作任务对接起来，个体才能真正拥有前行的动力。

行动导向：脚踏实地不空谈

行动导向，或者说是行为导向，是再怎么强调也不为过的。"不识庐山真面目，只缘身在此山中。"看看组织行为学的名字，其实重点就是"行为学"。行为学如果忘记了行为导向，就等于把根丢了。人为和为人中的人为，也是在讲人的行为。

不论是谈目标，谈组织，谈个体还是谈组织行为学中的各种原理，最终都要脚踏实地行动起来。要让目标真正贯彻到组织中，要让组织真正为个体赋能，要让个体带动能量前行，这样谈这一切，才不是"空谈"。

总之，头顶目标，脚踏行动，前有需要拉动，后有组织赋能，这就是组织行为学"上下左右"的方向盘，要驾驭组织，就得保持这样的方向感。

效率革命：企业进阶之路

02

走进智慧之门，就要开始我们的进阶之路了。在这条道路上，效率是一盏明灯，指引我们前行，有效的管理需要经过生产效率、组织效率以及人的效率的逐级历练。面对充满变化的时代机遇和挑战，今天人们常常讲自我革命，对于一个管理者来说，这场革命就从效率开始。因为效率的提升，我们每一个人都可以变得卓有成效。

第八章 | 生产效率：组织财富的来源 |

从某种意义上来说，管理学和经济学是相伴而生的，经济学最为关心的无疑是国民财富的问题，从世界范围内来看，这个话题就可以延伸到世界贫富差距问题。经济学关心国民财富，按照经济学之父亚当·斯密的说法，国民财富的起源其实是效率，而产生效率的根本原因是分工，这个基本问题带给了管理学重要启示，也成为管理学从微观层面进行"曲线救国"的根本策略。

来看看过去 200 多年世界贫富差距的变化。200 多年前，从国民生产总值来看，世界上最富和最穷的地方的贫富差距是 3：1；200 多年后，这个差距变成了 20：1。其中，最贫穷的地方没有改变，依然是撒哈拉沙漠以南的非洲；而世界上最富有的地方，在过去 200 多年里，第一个 100 年在欧洲，原因我们都知道，是工业革命，而在第二个 100 年里，北美成了领头羊，原因正是在于管理革命。

200 多年前，在欧洲，亚当·斯密的《国富论》已经隐隐约约道出了一些管理学的奥秘，不过是用经济学的逻辑来表达的：如果每个工人可以各自负责一块工作，并且每个人都可以把每项工作做得非常熟练，按照今天的话来讲，就达到规模经济的效果了，因为熟能生巧。比如，对于做大头针这项工作，如果10个人不进行分工的话，每个人各自包揽所有的工序，那么一天下来只能生产10根针；而在专业化分工的推动下，一天下来或许能生产100根针甚至更多。但问题是，谁来进行分工呢？

经济人的不安和管理者的分享

大处着眼、小处着手，这个时候，管理者就该登场了。事实上，直到管理者的出现，直到管理者真正承担起安排分工和设计工作任务的角色，真正的劳动效率才被释放出来。两百多年前，经济学之父亚当·斯密在欧洲发现了效率问题；此后又过了一百年，管理学之父泰勒在美国解决了效率问题，从而拉开了管理学的序幕，成为美国效率增长的起点。管理以解决效率问题为核心，正是从这个时候开始的。

事实上，泰勒也是在响应国家的号召。那个时候美国的效率已经处在了谷底，国家总统也指出全美国社会的效率已经严重不足。在那之前的半个世纪里，美国的人均日工资几乎没有增长，始终维持在每天1美元左右的水平。

这就是当时美国社会的问题：人们收入不高，而类似汽车的时髦产品又标出天价。收入低、物价贵、社会进步慢等，这一切问题都是效率低下造成的。这时，有位勇士站了出来，这个人就是从一线车间工人做到厂长的泰勒。说他是一名勇士其实是不需要加引号的，因为他是真正的勇士。

泰勒大胆地提出，效率不足，责任就在管理者身上，作为管理者他主动地责备管理者。尽管如此，工人却不买他的账。工人才不信这种假惺惺的说法，在工人眼里，管理者都是充满剥削意味的资本家，什么都不干，只等着收成，工人们公开叫板泰勒，甚至威胁他，再想搞什么花样，就把他杀了。可泰勒直接说，他照样一个人走每天回家的路，要杀要剐尽管来，就这样，泰勒硬是把这场管理效率变革推动了下去。

结果是皆大欢喜的。尽管雇佣关系没有变，老板当然也会更富有，可工人也更富有了，这样大家就都愿意去做事了。学术界把泰勒时期的人称作"经济人"的原因就在这里。那个阶段人们物质生活匮乏，没有钱去盖房子，没有钱来买汽车，对于处于这种情况之下的人，经济手段自然是管用的。但事实上，对经济人唱高调、谈情怀就像是"对牛弹琴"，远不如给些实实在在的好处。

反过来说，人们收入不高，还是因为效率不够高。如果去深入分析，效率低下可能比我们想象的还要可怕。

我们来分析一下"没有钱来买东西"的原因。一方面，可能是因为钱少或者说是收入低；另一方面，可能是因为东西贵。而归根结底，这两方面的因素其实都是因为效率低下。

一个人平均每天生产1个产品和3个产品的差别在于：只要老板愿意分享增加的利润，员工的收入就会增加。由于生产一个产品的单位时间少了，变成了原来的1/3，生产成本自然也降低了。这个时候，同样，只要老板愿意分享利润，产品的价格也会降低。这就是效率提升带来的结果，员工、老板、顾客共同受益于这3倍的效率增长。老板有了更多的钱去扩大生产，东西便宜了，收入增多了，不论是作为员工还是顾客，都有了更高的购买力，这时，生产和消费会继续良性的协同互动。

反之，如果效率低下的话，老板、员工、顾客统统受到影响，整个社会的财富会受到严重制约。按照这样的逻辑，我们就会理解泰勒所有管理活动的中心论点：财富最大化的前提是效率最大化。而社会财富包括老板、雇员和顾客的财富在内。

管理者的醒悟

如何实现效率最大化呢？也有一个最为核心的答案：管理者必须承担起解决这个问题的责任。管理者必须成为真正的管理者，如果不能对绩效负责，就不是真正的管理者。

那些只想着把什么都交给员工去做而自己无所事事的管理者，都不是有效的管理者。这种不作为恰恰是人们对于传统资本家的看法。所以，不论是出于能力有限还是个人意愿的问题，很多工人都不是很卖力地去工作，用今天的话来讲就是"磨洋工"。此外，很多工人并没有一个有效的方法去工作，仅仅是凭借自己的感觉瞎忙活，看着挺忙，但并不高效，用今天的话来讲就是总在做"无用功"。"无用功"和"磨洋工"，这两点应该算是效率低下最典型的原因了。

基于此，敢于承担管理者责任的泰勒开始解决效率问题，并且主动"自我检讨"。"无用功"不是工人的错，谁让管理者没有给工人找到科学的方法呢？"磨洋工"也不是工人的错，谁让管理者不给工人多发点工资呢？

所以，管理者的工作应该是找到科学的工作方法并激励员工去工作。泰勒敢做敢当，通过做四件事情，解决了劳动效率低下的问题。

解决问题：科学管理的四项工作

第一件事情是，管理者要先找到科学的方法。原来工人的工作方法都是自己摸索出来的，管理者并没有去提供帮助；现在，管理者帮助工人找出科学的工作方法，工人只需要安心按照方法去做就好了。

有意思的是，从管理学的角度来看，泰勒是个管理者；而从工程学的角度来看，泰勒又像是个工程师。因为他总是翻来覆去地研究工人工作的每个细节，例如搬运东西应该怎么搬运，每个动作应该怎么来做，每次应该搬运多少，才能让工人最省时省力，还能搬得最多。这些事情以前从来没有人专门去做，管理者以前只是闲着，把所有事情都交给工人，而工人并没有那么多的精力来专门研究这些事。所以，管理者把这项工作做了之后，工人工作的科学方法就有了，至少可以免去很多"无用功"了。

第二件事情是，管理者要找到合适的员工。在泰勒看来，什么是一流的工人呢？或者用今天的话来讲，什么是一流的人才呢？就是合适的工作遇上了合适的人。也就是说，人有能力完成工作，并且工作又能够满足人的需要，这样才能打动人去执行。

一个是胜任力，一个是执行力，这就是选人的两个核心要素。因为是寻找体力劳动者，泰勒选人就是看两点：第一，这个人得有力气；第二，这个人得很缺钱，因为这是泰勒提供的工作可以打动别人的地方。所以，也不见得人人都合适某一项工作，有的人身体条件没那么好，对于泰勒找到的科学方法，未必能胜任得了；而有的人虽然也需要钱，但那种迫切感可能又没那么强，只是给他更多的报酬未必能打动得了他。

如果没有合适的人选的话，就会有些麻烦，因为泰勒想找的是一个"样板"，或者说是"试点"。如果有一个合适的人可以把科学方法完美地演绎出来，就有了说服力，其他人就会跟着模仿。

我们来看看泰勒是怎么"打样"的。他细心观察了很多工人，包括他们的身体素质还有他们的个人生活，最后他终于找到了一个完美的样板。这个人不仅体壮如牛，更重要的是，他正在建房子，急需一笔钱。泰勒说，只要你按照我的工作方法去做，保准收入翻番，最后双方达成了共识。当然，泰勒言出必行，履行了自己的承诺，伴随着这个成功的样板，其他工人看着先富起来的小伙伴住上了大房子，工人"磨洋工"的问题不攻自破，有钱赚，谁不愿意去做呢。

事实上，找到那个有力气但是缺钱的人，然后用钱换他的力气，让他出力，这正是"我出钱、你出力"的意思。双方互补，相互满足，才是合作。

把"无用功"和"磨洋工"的根本问题破解之后，后面的两件事情就容易多了。接下来管理者和员工只需照章办事，按部就班，履行各自的承诺就好了。所以，第三件事情就是管理者把科学的方法教给员工，也就是我们通常说的，进行方法上的教育或培训。第四件事情就是管理者一定要和员工进行利益分享。

分享的本质是分工和合作。分工是前提，但是分工又不仅仅是员工和员工之间的分工，还包括管理者和员工之间的分工。管理者和员工各司其职，各自做自己应该做的事情。管理者找到了有效的方法，之后员工按照方法来做，并且做出了成绩，管理者也理应分享成果，这才是管理者和员工的合作。否则，管理者就会断了自己的后路，前功尽弃。

还要说明的一点是，如果是合适的人但做不出成绩，那就是之前的方法有问题了，还是得管理者来"背锅"，因为管理者还没有找到真正科学的方法。这也意味着，科学管理的四项工作其实是一个有反馈的改进系统。只要方法上可以不断改进，变得更加科学，并且后面的各个步骤都能相应地跟上，管理的效率就会越来越高。

上面四件事情：科学方法、选人、育人、分享，就是科学管理的四个原理了。有了这四个原理，就可以解决劳动效率的问题。

事实上，我们最多只能从学科发展的严格意义上说，组织行为学并没有在这个时期正式形成。由于科学方法也涉及人和人的行为问题，因此，说科学管理只是科学管理也不完全准确，因为当中已经有了人力资源和组织行为的实践。比如，人力资源的选人和育人，组织行为的合作和分享。我们需要清楚的是，科学管理可以开宗立派，在于其独特的亮点或者是贡献，即以科学方法为根基直击劳动效率问题。而以劳动效率作为序幕，解决效率的"大戏"才刚刚开始。

劳动生产效率的典范："劳模"福特

1911年，泰勒发表了《科学管理原理》，引爆了美国社会的生产效率革命，亨利·福特和他创立的福特公司算得上是生产效率革命中的佼佼者了。

当然，不妨想想，为什么会先波及汽车产业？道理不复杂，率先开启科学管理的泰勒所在的工厂正是伯利恒钢铁厂，该厂以钢铁产业为基础，科学管理从基础到应用，自然延伸到相关的汽车产业，而伯利恒钢铁公司和福特公司也成了当时增长最快的代表性企业。汽车产业逐渐成为美国最引以为豪的产业，当然，这个产业又不是坚不可摧的，关于挑战者的故事，会放在组织文化的部分来论述。

还是回到福特和他的福特公司，因为福特的孙子福特二世后来也掌管了公司，为了区分这两个人，通常称福特为老福特。福特公司的业绩的确非常亮眼，从《科学管理原理》发表的时间点开始看，1911年福特公司的汽车销售量是4万辆，到了1917年，销售量已经增长到74万辆。这个增长到底有多么夸张，看看同时期的其他"小伙伴"就知道了。1911年通用汽车公司的汽车销售量是3.5万辆，而1917年通用汽车公司的销售量也有所增长，但只是增长到19万辆。两家公司的起点相差无几，但只用了五六年的时间，福特公司已经成长为这个行业中绝对的霸主。

原因其实也可以猜到：离不开那场效率革命。不论老福特到底是否受到了泰勒科学管理的影响，事实上，他的确做了科学管理的工作，围绕生产效率设计出了科学的方法。这是在同时期他和泰勒的共同点。如果硬要找出这两个人的区别，那这个区别就在于，泰勒把他的效率实践写成了一本有重要影响的书，而老福特则把他的效率实践做成了一款有重要影响的车。

这款车就是 T 型车。先不管老福特到底有多高的企业管理水平，他本人也算得上是一个非常有使命感的企业家。他有一个心愿：让汽车质量好一些，让工人收入高一些，让人们买得起质量好的汽车。他的效率工程正是沿着这样的心愿展开的。

既然汽车的生产工艺还不是很成熟，那就不要做太多款式，也不要做太多颜色，做好一款车就够了，所以就有了福特黑色 T 型车的出现。"标准化"生产的好处还在于，可以让生产本身变得更加简单和专注，从而提升生产效率，有助于成本的降低。与标准化生产并行，福特开通了"流水线"作业，又进一步保证了生产效率的提升。这两个方式成为福特的科学生产方法，也让公司效益在短短的几年里迎来了爆发式的增长，从行业中脱颖而出。

生产效率提升的直接好处是什么呢？也如同泰勒所展望的，就是老板、雇员和顾客的财富最大化。

在科学管理之前，美国社会半个世纪内的日工资都在 1 美元左右徘徊，之后就增长到了两三美元。对于福特公司来说，把单位生产时间从 10 小时降低到 1 小时意味着，生产成本下降了，东西便宜了，同样的时间工人原本只能生产 1 辆汽车，现在可以生产 10 辆汽车，所以工人工资增长了。在全美平均工资达到了两三美元的时候，福特给出了 5 美元的日平均工资，甚至最后给到 10 美元。最初人们买不起汽车，是因为马车是 400 美元，汽车是 800 美元，但最终福特硬是把汽车的价格拉到了马车以下。汽车不仅质量好而且便宜，人们也更有钱了，马车自然被淘汰了。

所以，到了 20 世纪 20 年代初期，福特 T 型车以六成的市场份额，年销售 200 万辆、累计销售千万辆的骄人业绩向世人展示了汽车时代的到来。当然，不得不说，老百姓的腰包鼓了，买得起好汽车了，作为老板，老福特也是赚得盆满钵满，他在十多年的时间里也积累了 10 亿美元的财富。

第九章 | 组织效率：组织成长的关键 |

毫无疑问，从数万量级到数百万量级，借助生产效率革命，老福特和福特公司真的把汽车产业的盘子做大了。尽管如此，这却无法掩盖当时这家企业开始衰落的事实。现在剧情开始反转了，真正接起汽车产业的重担、成为第一家超大企业的并不是福特公司，而是起初毫无存在感的通用汽车公司。

劳模的困境和组织的救赎

在 1911 年时，福特公司和通用汽车公司的体量相当，销售量都在 4 万辆左右。到 1917 年的时候，福特公司的销售量已经翻了 20 番，而通用汽车的销量大概只翻了 5 番，这时福特公司的市场份额已经是通用汽车的 4 倍。

但是，20 世纪 20 年代却是整个剧情大反转的时期。从 1917 年到 1929 年，福特汽车公司的销量只翻了 2 番，而通用汽车的销量翻了 8 番，两家公司的销量基本持平。并且，从趋势上看，福特公司已经处在下滑的态势，而即便是在大萧条的时候，通用汽车的销量也依然在逆势增长。到 20 世纪 30 年代末，通用汽车的市场份额已经达到了福特公司的 2 倍，福特公司开始摇摇欲坠了。

所以，20 世纪 40 年代初期，当德鲁克决定寻找一家当时最大的企业来研究时，就找到了通用汽车公司。他很想解释，在过去 20 年来，这家小企业是如何成长为一家超大型企业的。当然，这个原因也同时说明了为什么福特公司没有把握住先机，错失了成为一家超大型企业的机会。

如果从本质上做一个总结的话，不妨这样说：泰勒写了一本书，福特造了一辆车，而通用汽车公司的第八任总裁斯隆则做了一家企业。

泰勒开宗立派，他的《科学管理原理》成了一本不朽的名著，让世人知道了劳动生产效率的重要性。福特有伟大的理想，并且是在实践中把劳动生产效率应用到了极致的实践家，承接他劳动生产效率的载体正是那款开创了汽车时代的 T 型车，所以，福特打造了一款影响世人的产品。可惜的是，单纯依靠劳动生产效率本身，还不足以支撑起一家大的企业。要支撑起一家大型企业，靠的不是一个人，而必须依靠组织的力量。

老福特个人的聪明才智毋庸置疑，不过，或许是他自信过度了，不太容易相信别人。所以，老福特总是习惯什么事情都由自己来做，不愿意把管理的权力分配给身边的人，他甚至会找侦探来秘密监视身边管理者的一举一动，这些做法使得他并没有形成自己的管理者团队。当用劳动生产效率迎来了福特的爆发式增长时，管理者却一个接一个地离他远去。

他似乎忘记了自己的公司不再是当年那个小企业了，依然什么事情都可以由他自己来管理。这时的企业已经到了向一家大型企业跨越的关键时期了，这个时期需要依赖的是一批卓有成效的管理者，作为老板，要做的除了抓好生产效率之外，更重要的是培育出一批管理者，让这些人把企业做得更大，这才是大企业的管理方式。

再来看看通用汽车公司。这家公司其实是由一批实力远不如福特汽车公司的小企业拼凑起来的，最初并不被人看好。可这样的安排恰恰是"歪打正着"，20世纪20年代通用汽车公司新的掌门人斯隆接手公司之后，更是把这样一种结构的功效发挥到极致。斯隆个人并没有那么强势，所以干脆就让各个事业部门各自去发展，这与同时代的老福特的集权式的管理形成了鲜明的对比。说"歪打正着"，是因为这恰恰是一家大型组织的有效管理方式，即分权管理，这就是今天赫赫有名的"事业部制"结构的由来。当然，如果再追溯一点这个结构的历史，这种结构逻辑其实也扎根在美国文化里面，也就是联邦分权制。

共同规律：组织分权管理

除了这个遥远的故事，中国企业的实例也可以说明这个结构的功效。

美的集团在20世纪90年代中后期曾经遇到销量增长瓶颈，停在了30亿元的销售规模。这时美的集团开始了事业部制的改造。因为这家企业意识到，当时的企业作为一个整体，大概也就只能成长到30亿元的规模了，但是如果把企业拆掉，拆成几个事业部，让各个事业部就像是独立的企业一样去各自发展，当几个事业部都能成长到30亿元的时候，百亿级企业就有了。这些成长到30亿元的事业部继续拆分下去，千亿级企业也就有了。事实上，美的集团的指数级增长就是这么来的。

不妨观察2005—2010年这段时间的数据，当海尔率先跨入千亿级企业的时候，美的大概是300亿元的规模，不过几年过后，当海尔还是千亿级时，美的也达到千亿级了，两家企业的规模很快就接近了。

当然，也是在那几年，海尔遭受到的比较多的质疑声就是总裁张瑞敏的个人影响力太大了。看了福特公司的故事，就会知道这种"指责"的意思。恐怕大多数人都看出了问题，但是却没有太多人能想到如何解决问题。所以，真正懂管理的企业一定不是只会发现问题，而是要会解决问题。

很多人都没有想到的是，这个看似是海尔在原地踏步的几年，其实却是海尔在内部积蓄组织力量的几年。当海尔"重新"出现在众人面前的时候，"倒三角"结构、"人人创客"、"人人都是 CEO"，这些做法全都让人眼前一亮。背后的真相是，原来海尔用了几年的时间进行了结构的大调整，不是简单的微调，而是彻底颠覆了组织的形状，进行了一个最为彻底的"事业部制"分权，最大限度地细分了业务单元，几乎人人都是一个事业部，并且，倒三角结构保证了业务单元的资源分配。这个时候，组织的效能就全面爆发出来了。2010 年之后，海尔又恢复了高速增长势头。

如果我们懂得从组织的角度来看，美的和海尔的齐头并进其实都是遵循了组织的规律。这样来看，不论是在不同地域上的国外企业还是国内企业，不论是不同年代的百年企业还是相对年轻的企业，在成长的过程中，都需要遵循这样的规律，这是迈向大企业和世界级企业的必经之路。

从生产效率到组织效率：步步为营

作为组织分权管理的重要开拓者，斯隆把组织的功效发挥到了极致。可以说，老福特是最大化了生产效率，而斯隆则是最大化了组织效率。生产效率的载体是产品，而组织效率的载体是企业。

到了 20 世纪中期，老福特的孙子福特二世通过学习通用汽车公司的组织分权管理经验，又重新激活了福特公司。自此，福特公司和通用汽车两家公司又开始齐头并进。德鲁克率先总结了这个规律，命名为组织分权管理，对应解决了组织效率的问题。

这时，我们把生产效率和组织效率联系起来，还会发现一个重要的"常识"：小企业要先解决生产效率问题，让自己能够活下来；从小企业转变到大企业，就必须解决组织效率的问题，两者缺一不可。

需要注意的是，要一步一步来。企业在哪个阶段，就做好哪个阶段的事情。换言之，小企业过度搞分权，大搞组织建设，建立了庞杂的组织体系，但"麻雀虽小、五脏俱全"可能是一件很危险的事情。因为这个组织体系本身可能会造成很大的浪费，许多部门和管理人员可能都是不必要的开支。这个阶段的重心应该就是提高劳动生产效率。

小企业或创业企业确实应该像最初的福特公司那样，老老实实地做好生产工作，拿出低价格、高品质的产品，这是企业安身立命的基础，所以要先把这个工作做好。做产品的思路也是如此，就像是福特 T 型车一样，不要急着去打组合拳，而是先打出一个拳头产品。

因此，小企业引以为豪的一定不是自己有多么完善的组织机构，也不是自己有多少管理人员和工作人员。对于小企业或创业企业来说，人尽量不要多，老板尽量多做些事情，这样能节约成本，提高效率。相反，企业到了向大企业迈进的时候，必须依靠整个组织体系，就不能固守在原来小企业的老路子上，要从老板或者管理者一个人升级到组织体系。一个人永远不能等同于一个组织，一个人支撑着的企业也很难成长为一家大企业，从个人集权到组织体系的升级，是小企业迈向大企业的重要台阶。

获得组织效率的两个综合性组织理论

组织及其可以释放的效率会成为企业成长的重要驱动力，因此，有必要更为系统地认识组织理论。

以组织效率为线索，除了德鲁克和巴纳德这两个我们所熟知的人物之外，还有两个在教科书里常常提及的人物，一个是法约尔，另外一个是韦伯。从两个人各自的研究内容的普及性上来看，前者的组织理论绝对算得上是热门理论，甚至成了最流行的教材内容之一；后者的组织理论的确算得上是"冷门"了，不过又是被严重低估的理论。

严格来讲，这两人并不在美国的管理学体系当中，法约尔在法国，韦伯在德国。当然，德鲁克早年也不在美国，而是在奥地利，但是德鲁克的管理体系确实是形成于美国。对于法约尔和韦伯来说，如果真按照时间来算的话，法约尔的管理实践不比泰勒晚，韦伯就更不用说了，当管理学还在社会学当中"孕育"的时候，韦伯已经是著名的社会学家了。所以，如果真正从大企业的角度来解释组织的话，德鲁克是最早的学者；但是如果仅就论述组织而言，巴纳德、法约尔和韦伯还都在他之前。

以德鲁克和巴纳德为代表的美国研究派的特征是，谈论的概念都非常具体。比如，德鲁克主要谈组织分权，而巴纳德的重心就在组织合作。相比之下，法约尔和韦伯提供了更为宽阔的视阈。

尤其是韦伯作为社会学家对于组织的理解，更值得重新品读。从某种意义上说，社会学的高度之高，直到今天，我们对组织的理解其实都没有跳出社会学所建立的框架。这也是为什么我们需要理解这些视阈的原因。

另外，也是因为组织这个词本身可容纳的内容比较多，并且从词性上来讲，可以有动词和名词之分，所以，人们通常说的"组织理论之父"就有好几个。由于德鲁克一生对于管理这个词和这个学科的贡献，德鲁克一般被称为"现代管理学之父"，而巴纳德、法约尔、韦伯都被称为"组织理论之父"，不过认识了他们各自的内容和贡献之后，也就知道这些称号其实都是名副其实的，没有什么可争议的。

需要深度认识的流行理论：法约尔的一般组织理论

法约尔的经典著作是 1916 年出版的《工业管理与一般管理》。说法约尔看问题的视角比较开阔，很多时候是相比泰勒来说的。

泰勒的重心就是在生产一线，所以他的贡献直击劳动生产效率。法约尔是一家企业的总经理，在这一点上他和巴纳德有点相像，所以他更多的是从一个企业的全局来看问题，因此，才有了他的组织观点。如果用管理解决效率问题的话，泰勒的理论是解决劳动效率问题，法约尔的理论则是解决组织效率问题。法约尔有两个独特的组织观点，这也是他对组织理论有所贡献的地方。

第一，组织是一种职能活动。这个说法还有个前提——管理是一种活动，而组织正是管理活动当中的一种职能。

法约尔先说，对于企业来说，管理和财务、销售、制造等活动一样，也是一项必备的活动。因为平时大家看到的更多是财务、销售等职能，所以有必要强调一下，管理也是企业的一项日常活动。在这个基础上，法约尔指出了管理这个活动的五大内容，或者说是五种职能：计划、组织、协调、指挥、控制。这就是管理者要做的工作，以这些基本的职能为框架，就构成了今天我们主流的管理学教材。需要注意的是，在这个框架当中，组织被看作是一种职能活动。

第二，组织的基本原则。这个说法的前提是把组织看作一个整体，这就有了组织作为一个整体的运作规律。

组织既可以当成动词用，作为一种活动或者工具，也可以作为名词用，当作一种整体的描述或者目的。不论怎么看待，要获得组织效率，需要满足组织的一些基本规律，所以，法约尔又概括了 14 个组织原则。这些原则就是组织的运作规律了。

如果做一个大致分类的话，这些原则可以分成3类；前5个是基础性的原则，多是在讲一些组织的基本功；中间5个是一些结构性的原则，更多的是在平衡人和组织的关系；最后4个是一些拔高性的原则，这个部分跟绩效的挂钩会更加直接。这样的分类或许不是十分精确，但可以帮助我们理清逻辑，也有助于我们记住这么多的原则。有了地基再搭结构，再出绩效，依然是循序渐进的。

组织管理的基础性原则：分配逻辑

基础性的原则是从"组织是一种分配"开始的。先是分配各自的工作，然后分配相应的权力，让各自可以顺利开展工作。同时，大家工作时要按照一定的公约进行，要遵守纪律，要有统一的指挥和领导。这是组织管理的基础性工作，相当于打地基。具体包括以下5个原则：

（1）分工。这一点斯密和泰勒也有所涉及，如果把所有的分工归纳起来，就会看到分工有"大分工"和"小分工"、"内分工"和"外分工"之说。

小分工是微观层面的分工，是不同工种和职能之间的分工，是横向的分工。大分工是宏观层面的分工，是上下级之间的分工，也就是管理者和员工各司其职，是纵向的分工。这两类分工都是组织内部的分工。外分工则是又把组织看作一个个体，在组织所融入的大的合作系统中，组织的分工是什么，组织能够贡献的是什么，从而用这种分工思维把自己和伙伴融合在一起。

（2）责任和权力。事实上，分工本身也意味着承担责任和获得权力。不过不能忽略当中的潜台词——责权对等，并且是责任排在前面。也就是说，先分配责任，后分配权力，两者不是谁大过谁，而应该是对等的。

责任大过权力的话，就很难履行责任；权力大过责任的话，就容易滥用权力。

（3）纪律。组织当中必须有纪律来规范人的行为，才能使人训练有素。无论是"华为基本法"还是"德胜员工守则"，如果我们给这些法治管理方式找一个理论源头的话，都可以追溯到这一个原则。简单地说就是，没有规矩，不成方圆。

西点军校有一个有意思的做法：新生入校时遇到学长要给学长敬礼。一位新生敬礼完毕之后，学长表示不满意，要求新生重新敬礼，因为新生手里还提着行李，不够礼貌。新生放下行李之后又敬了一次礼，可学长还是说不行，因为整个动作不自然，于是要求新生回宿舍照着镜子练习，直到习惯成自然才可以。西点军校的学长就是这样"刁难"新生的，可这位学长也是"过来人"，也曾是新生，而等这位新生变成学长，不就又可以继续"刁难"新生了？

这就是西点军校训练领导力的方法。领导力的另一面就是执行力。西点军校的成功之处在于责任的履行，并且是"没有任何理由"的服从和行动，直到符合标准。所以，西点军校也成为美国政治领袖和商业领袖的摇篮。

（4）统一指挥。必须明确的是，一个员工必须只有一个顶头上司。不然员工会乱了头绪，不知道该听谁的。员工乱了，组织就乱了。

（5）统一领导。如果不去深入探究内容，可能会觉得法约尔在这里"啰唆"了：说了统一指挥，怎么又说统一领导？这两个并不是同一个概念，区别在于，一个近、一个远。统一指挥说的是一个顶头上司，这个近；统一领导说的是组织要由一个统一的目标来领导，其实说的是共识问题，是大家要齐心协力。

组织管理的结构性原则：匹配逻辑

结构性的原则主要是在平衡组织的内部结构，是在分配的基础上做匹配。要平衡组织和个体，平衡集权和分权，最终达成一种人和任务、人和组织的匹配关系。这是组织管理的中间性工作，作为组织和个体的纽带，起到加固关系的作用。具体包括以下 5 个原则。

（1）个人利益服从整体利益。这个原则是在讲组织导向。不过如果只讲这一点的话，在今天来看就值得商榷了。个人利益需要服从整体利益固然没错，但是，这不代表个人利益不重要。组织要同时做到组织导向和个体导向，将两者合二为一才是。在这一点上，巴纳德的组织观点会更加完整。

（2）人员的报酬。也许是因为前面只强调了个人利益服从整体利益，所以，法约尔随后也特别增加了一点，单独把人的报酬拿出来，付出就得有回报，不能让"雷锋"吃亏，没有任何一个组织能打破这个铁律。

（3）集权和分权。这个原则就和德鲁克的组织分权管理衔接起来了。在某种程度上，人会有天生自私的"集权"倾向，所以，德鲁克会特别提醒企业家和管理者去做分权管理。

当然，也不是说一味地谈分权，当中还是有个度的问题。在这一点上很多人会问：度在哪里，这个火候怎么去把控？事实上，方洪波和美的、张瑞敏和海尔都算是比较恰当的例子。也就是说，企业既要有比较强大的部门和个体，同时也要有比较有影响力的企业领导者，这样，两全其美，就是集权和分权有度了。因此，集权和分权并不矛盾。在集中共识的前提下分头行动就可以了，这就是集权和分权的核心要义。

（4）等级链。组织包涵了若干等级构成的链条，因此，等级链的设计将会直接影响组织的效率。比如，基层人员之间的沟通是否一定要经过上级甚至是最高长官？当然未必都要，否则效率就大打折扣。所以，等级链蕴含的是组织上下级和水平层级的沟通和协作问题。

（5）秩序。要理解秩序的意思，首先得放大视角，借助宇宙的观点或许能更加清楚秩序的本质。宇宙间的任何物体都应该有其合适的位置，也就是说，在合适的时间和空间让合适的事物出现，这个就是宇宙万物的秩序了。这个规律适用于宇宙，自然也适用于组织。

我们再把范围从宇宙缩小到组织里面。组织的秩序就是，应该把合适的人放在合适的岗位上，去做合适的事情。当事情按照这样的秩序有序进行时，人和事的关系就能妥当。当然，按照组织的逻辑，事情排在前面。所以，在这一点上，组织得先对合适的事情做出正确的判断，保证正确的事情在先，在这个基础上，找到可以把这件事情做好的人，这个时候，事情的位置对了，人的位置也对了，组织就井然有序了。

组织管理的绩效性原则：配合逻辑

绩效性的原则涉及最后的行动，因为只有行动才能产生绩效。前面做好了分配和匹配，组织的架子就搭好了。最后要保证的是人们能不能真正配合工作，形成有效的合作体。所以，在这个部分，对组织能力提出了更高的要求。组织既要保证队伍的情绪和稳定，又要保证队伍的升级和创新，还要让大家在各自行动的过程中保持合作。这就是组织管理的绩效性工作，是相对高阶的工作。具体包括以下四个原则。

（1）公平。这一点不需要过多解释，需要强调的是，我们不能把公平理解为平等。

公平和平等不是一个概念。一个企业也好，一个国家也好，如果讲人人平等，就会滋生出一些惰性来。组织是一个整体，但不能吃大锅饭，应该提倡多劳多得。事实上，在学术研究中，"公平"这个词到今天为止都是运用频率非常高的一个词，因为在组织当中一旦出现不公平，人们的各种不满情绪和负面表现就出来了，两者的因果关系非常显著。这也是管理者要特别在意的部分，因为这是组织成员非常敏感的地方。

（2）人员的稳定。这一点需要我们有比较全面和深刻的认识。通常情况下，组织尽量要保持人员稳定。典型的例子是，刚刚把人培养出来，人就跳槽了，去服务其他企业了，等于自己花钱给别的企业培养了人才。

不过，今天更理性的判断是，组织永远不能依赖于某一个人。换言之，一个组织离开谁都能运作，这才是真正成熟的组织。所以，从某种意义上讲，组织要训练的是为了实现目标而不断匹配人才的能力，而不是忽略了目标本身的实现，为了留住人员而留住人员。一方面，人员未必等同于人才，未必适合实现目标；另一方面，保持人员稳定本身并不是组织的目标。

从理论研究的角度来说也是这样的。对于离职率和企业绩效的关系，到今天为止还在研究中，并没有定论。没有研究可以下定论：离职率少的企业绩效就一定好。归根结底，其实是因为产生绩效的关键点并不在离职率问题上，而是在目标和人的组合上。人走不走不重要，有合适的人跟上就可以了。

从这个角度来说，我们更应该把人员的稳定当作是一种灵活的理念。也就是说，不管到什么时候，都要有一支稳定的队伍来实现目标，但这个队伍具体是由谁来构成的，是可以改变的。美国职业篮球联赛（NBA）就是一个典型的例子。球队的人才流动和新老队员更替频繁，而这种人员结构的流动性恰恰保证了组织的活力。《中国好声音》等节目的评委安排也是如此，节目保持稳定其实只是与几个跟节目效果相关的关键要素有关，比如，要有资深前辈，要有当红艺人，要有创作人，要有能活跃气氛的全能艺人。这些要素是相对稳定的，但是由谁来担任，可以不断更新人员。这样来看，组织依赖的是一支始终拥有活力的队伍，这样才能满足组织目标。

对于企业而言，人才的新老更替和年轻化升级也应该成为一个组织的发展规律。这和人的生老病死一样，不过组织可以通过打破人员的稳定性，重塑自身的活力。

当人员无法贡献绩效时，其稳定性可能就是绩效的一种阻碍。一个好的企业要不断进行人才年轻化的升级，同时，也要妥善安置好伴随组织一路成长的那些"老人"们。一方面，按照国家政策做好退休福利；另一方面，在适当的时候可以请前辈来提供一些咨询上的指导，但不是做决策。所以，对于和组织一起打拼的元老们，组织一定要保持清醒，组织不是要和元老们一起变老，而是在妥善安置元老们的同时让组织自身变得更年轻，因为组织拥有更大和更为长久的责任。否则，这就是组织对年轻人和自身未来的不负责任。

就像是轮值首席执行官的设计，事实上，为了保持组织的生命力，对于人员的稳定性而言，并没有静态的答案。借助"轮值"这个流行的词语，从长远来看，我们所有的人其实都是在轮值。关键是，我们是否有能力并且全力以赴"值"好这个"班"。当每个人都尽职尽责时，就会使轮值效率最大化。

"在其位、谋其政"，这句话反过来说，可以是"不在其位、不谋其政"，如果继续对调一次，还意味着"不谋其政、不在其位"。当不能"谋其政"时，就不应该"在其位"了。或许，天下没有不散的筵席，我们也理应接受这样的事实。这是生命的规律，也是组织的规律，说到底，是万物生长的规律。

（3）创新精神。一百年后来看法约尔的观点，就会发现这个观点的确是非常有远见的，我们有句俗语叫"拉钩上吊一百年不许变"，可任何企业要想延续一百年，不变的，是始终有创新精神。很多企业刚开始有创新精神，后来渐渐地就没了，或许是因为自满、自我感觉良好，或许是因为太久不创新，总之，创新精神越来越弱。创新精神和企业的生命力是正相关的，所以当企业的创新精神越来越弱时，其生命力也在逐渐减弱，最后企业被淘汰，组织和人都是这个道理。当然，很多人会问，创新是什么，用德鲁克的说法，只需一个定义就够了，就是创造顾客。这个听起来简单，但不是所有的企业和员工心里都能装着并且持续装着顾客的。

（4）团结精神。这个原则看似简单，实则不然。因为这个原则的"笼统性"，其也成为令不少组织感到迷惑或者头疼的问题。

很多人把"团结就是力量"当成一种口号，喊得很有劲，结果却没有力量，原因就在于我们真的把团结当成口号了。事实上，组织行为学在研究上有一个非常好的习惯，这个习惯就是不断地去问如何"测量"。

一说到"团结"，我们马上要问怎么测量它，并且是刨根问底地追问。如果按照这个思维方式，就会牵扯出一系列可以测量团结的地方。

企业和伙伴之间团结吗？各个部门之间团结吗？上下级之间团结吗？团队内部团结吗？团队都不团结，又怎么能叫作团队呢？甚至要问，我们作为个人，自己内心团结吗？还是每天心乱如麻，无法安心工作？

对于以上每一个问题，可以进一步再追问：如果是团结的，团结所产生的绩效在哪里？等等。要对组织自上而下，从组织到团队、从团队到个人，统统问个遍并且一问到底，这个时候团结问题就落地了，就不再是口号，这样才能解决问题，产生效率。

刨根问底时就会注意到，团结的本质其实是一种协作。所以，以上所有原则加起来就是法约尔的14个原则，它们看似多而分散，其实逻辑缜密。

第一条是分工，最后一条是协作，从分工到协作，已经表达了组织效率来源的真谛。

一部应该被打捞出来的经典：韦伯的理性组织理论

把组织当作一种真正能产生功效的职能，同时系统地论述组织的一般原则，这就是法约尔解决组织效率的方式，也是法约尔的理论贡献，即"一般组织理论"。

对于另外一位重要人物韦伯来说，其实如果按照"辈分"来算的话，把他称作"组织理论之父"都有些"差辈"了。因为在社会学领域，他是公认的现代社会学的重要奠基人，而现代管理学正是从现代社会学中不断发展出来的。社会学是一门颇有历史的学问，一般回顾社会学发展的代表人物时，通常会从300多年前的孟德斯鸠一直到100多年前的韦伯，从某种意义上说，在这些重要的社会学家当中，韦伯算是距离我们最近的一位了。说韦伯是重量级人物，当然不只是因为辈分，更重要的是他对有关组织理论的贡献。

用理性取代理想

尽管韦伯如此"德高望重"，但事实上，一提到韦伯，很多学习者并不清楚他的理论，甚至都不太熟悉他的名字。

通常教科书给韦伯的组织内容的定位是"理想的行政管理体系"。其实在分权、主张自由市场和活力的管理学或组织行为学领域，"行政"这个词已经够让人"害怕"了，更可怕的是，前面还加上了"理想"这两个字，这就让人更加望而却步了。不少学习者对这个部分的"排斥"正是因为这一点。

我们一般不会认为存在什么理想或者完美的理论，也会觉得理想距离现实太遥远，不会去触碰也触碰不到。相比"理想"这个词，多数人更容易接受那些"一般"原则。

事实上，或许真的是韦伯的表述太学究化了，又或是我们对于韦伯组织观点的理解还没有那么深入，所以给他的理论冠名"理想"，使他的理论变得非常"高冷"。如果我们换个概念来表达的话，或许这个理论的生机就会显现出来，就会更容易走进我们的现实世界。

对于组织来讲，更贴近现实的表达，应该是一个理性的组织，而不是理想组织。或者说，要成为一个理想中的组织，首先得是一个理性的组织。

当然，说韦伯的组织理论是理想化的，也不是完全没有道理，只是需要对于"理想"这两个字重新加以定义。所谓"理想"，既不是空想也不是幻想，而是一种"理性的设想"。

韦伯的理论本身就是一种理性的设想。作为早期的社会学家，韦伯不像是后来从社会学界跨入管理学界的德鲁克，可以直接去接触真实的企业，并且是业绩非常突出的企业。韦伯时代的理论更多是一种非常缜密的思维，这也使其理论本身更为理性。借助缜密的思维和推断，同样可以设想出组织应该有的样子。如果我们深入理解，这些基于社会学逻辑而对组织管理做出的缜密思考，其实是非常理性的。

因此，作为社会学者，韦伯和德鲁克有着共识，都认为组织是社会的重要构成单元，所以都会去研究组织。德鲁克基于企业实践研究得出的结论是"分权组织"，而韦伯仍然是在社会学的领域加以分析，也获得了"理性组织"的观点。韦伯的理性组织观点体现在以下四个方面。

合法性：理性的契约精神

做管理学和组织行为学研究的人都知道，合法性在研究当中是极为重要的一个概念，是企业战略行为和员工行为的前提。

韦伯很早就用社会学的逻辑明确表达了这一点。事实上，正是社会学和组织理论相结合，才有了组织合法性的概念，因为"法"字是社会学的源头。不过相比法学，社会学对于法的理解更加宽泛。从社会学的先驱孟德斯鸠开始，社会学论述的是"法的精神"，而不是法本身。

社会学所探讨的"法的精神"实际上是一种法则，包含了狭义的"法"和"法外"的东西，所以就包含社会文化、人们的处事方式等。基于这样的社会学逻辑，他提出了组织的两个形态。

一是"行政组织"。这是我们听到最多的理想组织，这是基于对狭义的"法"的理解进行的，是用上下级的等级制度和规章建立起的组织。

二是"契约组织"。如果不去理解社会学的基础，就会忽略掉这种组织形态。相比之下，行政组织是有形的，是容易看到的。除此之外，还有一种形态则是无形的，是以一种相对隐形的方式来呈现的，要用"法的精神"逻辑才能看到，这个形态被韦伯称作"契约组织"。

事实上，契约组织真实地表达了组织内外部的关系。无论是内部成员还是外部伙伴，和组织的根本关系都是契约。所以，很多人对于组织合法性的认知偏差在于，只看到了表象，以为组织就是一个行政体系。透过现象看本质，借助"法的精神"，组织合法性的根本表现其实是"契约精神"。因此，契约精神是一个理性组织必须有的。

契约精神是诚信守法，是讲规则。最重要的是，契约精神必须得到契约各方的维护。契约精神一定是不可侵犯的。组织和员工在一起时，和合作伙伴在一起时，不管是心理上的契约期待，还是白纸黑字的契约合同，都必须得到彼此的尊重和遵守。对于正式组织而言，脱离了契约精神，大家就没有真正"在一起"，其实是处于解体状态。

"契约组织"这四个字意味着，没有契约，就没有组织的存在。

权力分配：分配的前提是先占有

在组织行为学和管理学当中，权力和职权并不是一回事，这种区分可以追溯到韦伯对于权力的分类。

韦伯把权力分为三类，一是正式的权力，也就是行政体系中的职位赋予一个人的权力；二是传承的权力，这个权力是前任留给我们的，最典型的就是继承人来传承权力；三是威信的权力，一个人拥有威望，可以赢得他人的信任，也会让自己拥有权力。这种分类实际上也表明了权力的三个来源：职位、授予、个人魅力，所以才会有了职权、授权、权威的概念。在这种分类认知的基础上，再进一步去认识权力的本质，会更有助于让权力真正发挥效力。

按照韦伯的观点，权力一定是和分配放在一起的。再联想一下德鲁克所总结的"分权"的概念，就会发现德鲁克确实是从社会学当中走出来的，在关键点上其实是有社会学的印记的。换句话说，如果权力不分配出去，权力本身其实是没有意义和价值的。因此，组织一定要做权力分配。

但是，特别重要的是，权力分配的前提是什么？或者说，权力的本质是什么？从这个角度看，上面三类权力其实还只是表象。因为权力的本质是占有，如果没有权力，又如何来做分配呢？所以，要先占有，才能分配，也就是要先占有对方想要的资源或者资产。

通俗地说，只有我们有对方想要的东西时，对方才愿意听我们的，才愿意接受我们的分配。不论是给员工分配任务，还是给顾客分配产品，逻辑都是一样的。占有了别人想要的东西，别人才愿意听你支配。

韦伯常用的例子就是宗教。宗教最厉害的地方在于，占有了让一些人可以感到幸福和心安的信仰，这种信仰甚至可以让一些人摆脱自己的负罪感。所以，信仰是宗教最为重要的资产。

知道了这一点，我们就会发现，传承的权力未必能奏效。能否奏效的前提在于，被传承人是否真正具备了管理一家企业的能力。所以，权力到底是传内还是传外，还是混合传承，关键要看谁更具备产生权力的真实条件，而不仅仅是血缘关系。

同样，职位的权力也可能不奏效。这种权力能否奏效的前提在于，职位上的人是否有"实权"。如果这个职位本身就是个空壳或者虚职，或者在一个实实在在拥有职权的位置上安排了一位能力不够的管理者，职位的权力就无法奏效。所以，对于职位的权力，一定要理性地设计好当中的辩证关系，职责、职权、能力三者缺一不可，否则，就可能会造成"失职"。如果懂得这个道理，就会知道，如果下属失职，其实不能只怪下属，从管理的角度看，是拥有权力的上级在权力分配上的不理性造成了这一结果。

权力的本质是资源的占有和分配。一方面，要占有别人想要的资源，自己才能影响别人。另一方面，自己的资源一定要给对的人，把事情做成，资源才能有效。有了这两个方面的保证，权力才能不断循环再生。这就是我们可以从韦伯的理论中提取的理性观点。在权力上的不理性其实是对资源的一种挥霍和不珍惜。

此外，如果读懂了韦伯对于权力的三个分类，还会发现，我们平时对于"权威"的理解还是浅薄了一些。要形成权威，实际上是职权加上威信，这样的组合或许才是"理想"的权力类型。

共同体：家与利益的理性分割

共同体和开放性这两个词在我们今天看来也非常时髦，可是，在那个还没有正式接触到现代大型企业的年代，韦伯作为社会学家就已经开始提到这两个关键词了。韦伯用"共同体"解释了企业的形成，用"开放性"解释了企业的不同。

对于现代企业组织的形成，韦伯给予的最经典的解释是：从"家共同体"到"利益共同体"的进化。

现代企业是随着"家共同体"的解体和利益共同体的形成而演化来的。如果我们真正懂得这个含义，就会清楚，"家族企业"其实是两个词，家族是家族，企业是企业，这就是韦伯提出的分割性。即便是再亲近的家人，在企业当中也要有距离感。人们常说"血浓于水"，但是相比之下，组织更像是水，比血要理性得多。想想看，这是多么理性的观点，不过，这确实也是现代企业组织的特征。

开放性：是否敢于拆开自己的墙壁

一个企业到底能不能形成一个真正的共同体，这个共同体到底可以有多大，关键取决于它是否拥有"开放性"，以及有多大限度的"开放性"。事实上，"家共同体"的解体，正是意味着"利益共同体"的打开。

需要特别注意的是，开放性从何而来。开放性对应的正是封闭性，如韦伯所说，到底是开放性还是封闭性不取决于别人，只取决于企业自身的选择，取决于企业愿不愿意敞开自己。如果把企业拟人化，我们可以用"开放性"去讲一个企业的个性，去看这个企业和其他企业的不同或差异，去看这个企业究竟有多大的成长空间。回归理性就是要从被动变为主动。机会再多，如果不主动迎接，馅饼也不会掉到自己身上。企业组织和社会都需要如此理性的观点，中国现代社会进步的重要力量正是改革开放，这也是中国现代企业组织成长的重要力量。

和法约尔的十四条一般组织原则一样，由合法性、权力、共同体、开放性这四个关键词构成的理性组织也是我们可以学习到的组织规律。法约尔的一般组织、韦伯的理性组织，连同德鲁克的分权组织和巴纳德的合作组织，因为这些组织规律，才能获得组织的效率。这样来看，四个"组织理论之父"也都是名副其实的，只是我们需要清晰地看到他们各自组织理论的关键特点和贡献的规律，德鲁克是分权，巴纳德是合作，法约尔是一般原则，而韦伯则是保持理性。

所以，一个企业要成长，要遵循很多成长的规律，至少从管理的角度来看，要遵循生产效率的规律，还要遵循组织效率的规律。不过，只要这样就够了吗？

第十章 人的效率：组织行为的核心

我们关注劳动效率和组织效率，但最后还得回到人的因素上，去关心人。当然，不能说泰勒和法约尔他们没有去关心人，相对来说，他们的理论和实践重心更多是在生产和组织的问题上。

理论的产生是基于更普遍的现象和影响。在泰勒的科学管理之前，也有个别企业会采取一些以关心人为主的方式来获取效率的方法，比如，在缩短人们每周的工作时间之后，结果发现人们产出反而变高了。但是，这些关心人所带来的影响远远没有泰勒的效率革命那么大。

无论是劳动生产效率还是组织效率，这些概念之所以出现，是因为它们已经具有了普遍意义。劳动效率带来了全美日工资的提升，组织效率带来了全美国乃至全世界诸多大企业的出现。从这个角度看，当对人的关心成为一个普遍现象时，人的效率这个概念才会出现，这个时候才能确切地讲，人力资源管理和组织行为学形成了。

世界大战与人的脆弱

之前对于人的关心多是一些零星的做法，直到一件事情出现，才开始引起社会普遍对人的关注，这件事情就是第一次世界大战的爆发。

　　1914 年，也就是泰勒《科学管理原理》发表之后的第三年，第一次世界大战爆发了。谁都没有想到这场大战会对整个工业社会带来如此之深的影响。当生产效率革命在推动整个工业社会突飞猛进时，工业界也无法事先预料到战争的到来以及由此带来的工业需求会如此之大。尤其是在军工领域的需求，即便生产效率突飞猛进，也难以支撑起战争的需要。

　　显然，这已经不单纯是生产效率的问题了。为了满足军需，所有的工厂设备都持续加足马力，人也跟着连轴转。这时，真正的问题就暴露出来了，即人的问题。人不是机器，即便是机器都有劳损的时候，更何况是有血有肉的人呢？所以，最大的问题在于人本身的效率，已经不是机器和生产方法的问题了。人的生理局限性决定了人会疲劳，疲劳成为影响人的效率的核心问题。人在过度劳累和消耗的情况下，产出效率会降低，次品率也会提升，产品品质变得无法保证。

　　在这样的背景下，各种疲劳研究委员会和工人健康委员会就陆续出现了。各行各业都在摩拳擦掌，试图从各自的角度来解决人的劳累问题。生物学、化学、医学等都开始关注人的疲劳问题。这些学科有着非常清晰的方法论，那就是通过研究开发出某种化学或医学物质，来缓解人们的疲劳。所以，在那个阶段，不断有新的科研成果出来，出现了一些让人的肌肉和身体处于更好状态的药剂。显然，医学、化学等科学都随之发展了，但是，这些对管理学的推动意义并不大。直到心理学的介入，准确地说，是工业心理学的介入，才推动管理学有了质的发展。

　　事实上，医学和化学等科学研究推出的生理性药剂只是缓解了人们身体的疲惫。对于第一次世界大战暴露的人的问题，工业心理学有着不一样的看法。不仅仅是人的生理局限会带来疲劳，人也有心理上的局限，如果给疲劳找一个对应的词，这个词就是单调，或者说是没意思。当一个人只是机械地去工作，而工作本身又不能产生乐趣的时候，也不会有高的效率。总之，人和机器不一样，是有"情"的。这正是人作为血肉之躯的脆弱面。

物质效用的边际递减

心理学对于人"情"的关注为管理学打开了一扇窗户，但管理者和研究者并没有随之真正走出去，依然停留在传统管理的套路当中。

不可否认，人的情感有时是可以用钱来买通的。就像是泰勒对待工人的做法，那时的工人吃不好，住不好，为了赚钱糊口，当然可以放弃情感需求。这个时候的人会显得更加"薄情"而"厚利"。泰勒的做法在那个阶段也的确起到了良好的效果，也因此，给很多企业带来了一些误导，以为只要给足物质条件，人的效率就能提高。可是当时人们并不知道这是一种误导，甚至还有企业专门做了研究，去证明提升物质条件就会提升人的效率。

这个研究就是最为著名的霍桑实验。从 20 世纪 20 年代中期开始，美国的一家企业——西屋电气公司就开始在自己的工厂做实验，力图验证物质条件的强大功效，证明改善物质条件可以提升人的效率。

当时也采用了比较先进的对比实验法。把同样的工人安排在亮度不同的两个车间，一个车间条件一般，只亮 3 盏灯；另外一个车间条件更好一些，亮了 10 盏灯。本以为条件更好的那个车间效率更高，结果却没发现两边的效率有什么差别。这个实验把本该想要证明的主题推翻了。所以，该实验的结论是：物质条件改善并不能带来工人效率的提升。

需要特别提醒的是，对于这个结论要格外小心。有的人可能认为，既然结论已经得出来了，就接受了，不用去质疑它究竟是不是对的。还有些人误以为是这个结论带来了"人际关系学说"或者是组织行为学，事实并非如此，这个结论离人际关系学说的出现还有一定距离。

事实上，我们应该对这个结论保有自己的理性判断。这个结论究竟对不对呢？其实是不够严谨的。

实验本来想证明物质条件有用，结果发现物质条件没用。但是，准确地说，物质条件不是没用，只是并不万能罢了。试想，如果一盏灯都不亮，效率肯定大大下降，甚至没有效率。这就是物质条件的适用性。也就是说，物质条件在一定范围内是有用的。那些连温饱问题都没有办法解决的人，就像是处于一点灯光都没有的时候。所以，从一盏灯增加到三盏灯有用，再多的话，物质条件的效力就不明显了。所以说，人是经济人没有错，人看重物质条件也没有错，但是，前提在于人要处于物质相对匮乏的阶段。

再想想很多人都忽略掉的一个细节，就知道为什么物质条件在霍桑工厂的影响没有那么显著了。事实上，当时的整个西屋电气公司绝对算得上是一个最佳雇主了。公司已经给员工提供了当时最好的福利条件：美味的餐厅、条件好的医院、灵活的工作时间等，所有的员工福利在全美都是顶尖的。在这样的条件下，即便物质条件再好些，还能掀起多大的水花呢？

因此，霍桑实验的结论应当被重新修正，物质条件不是不起作用，而是在物质条件得到基本满足的情况下，其效用会变得越来越不显著。

里程碑：人际关系学说

重新定义霍桑实验的研究结论，就能够引出一些极具价值的线索。因为除了物质条件以外，一定还有更重要的因素在影响着人的效率，只是之前的实验没有发现罢了。换句话说，人有经济人的成分，但是，一定还存在更确切的属性。这是工业心理学家梅奥的反思，之后通过进一步研究，才有了人际关系学说。

梅奥跟踪了一些工人，细致观察在工人效率波动背后都发生了什么，再由此总结出提升人的效率的理论。

他发现了两个有代表性的工人。一个是一位中年妇女，她拉扯着两个孩子，各方面的压力都很大，亲子关系对她的工作效率的影响还是很大的。在一家人开心的时候，她的压力会变小，情绪会更好一些，工作效率也变得更高。

另外一个是一位年轻的女工。这个女孩子的工作效率波动非常大，起初，她的工作效率非常低下，原因是她和她的父母住在一起，她的妈妈对她的管教特别严格，导致她心情总是非常不好，每当她带着非常郁闷的心情去工作时，工作效率就非常低。后来，工友们得知了她的问题，开始开导她，说她妈妈也没有什么恶意，可能只是因为妈妈不是美国人，存在一些文化差异及代沟。另外，既然这么不喜欢住在家里，自己也已经挣钱了，为什么不搬到厂子里来和大家一起住呢？于是，女孩搬到了厂里，和大家一起生活，摆脱了家长的束缚，每天都很开心，这个时候她的工作效率突飞猛进。当然，后来也有一段时间她的工作效率又跌到了低谷，因为大萧条来了，经济状况不好，只能回家去住了，这个时候又变得很不开心，于是效率又下降了。

通过这样的案例观察，梅奥发现，人的效率会受到个人情绪的影响，而这种个人情绪是由人与人之间的关系带来的。无论是中年妇女和孩子之间的关系，还是女孩和她母亲的关系，或是女孩和她的工友之间的关系，这些关系会使一个人的心情变得更好或者更糟糕，而这样的情绪又进一步影响了人们的绩效。这就是"人际关系学说"，这个学说奠定了组织行为学和人力资源管理的基础。

之所以说人际关系学说是组织行为学的里程碑，不仅仅是因为它在内容上关注了人的效率和行为问题，也是因为从展现方式和过程逻辑上，人际关系学说提供了一个标准的组织行为学研究范式，这个范式至今仍在运用，甚至几乎所有的组织行为学的专业研究都是以这个范式为蓝本进行的，即人际关系影响人的态度，进而影响人的绩效。

关系可以是各种关系，如家庭关系、同事关系、领导者和成员的上下级关系、领导者和员工的互动关系等。这些关系会带来人对于外界不一样的内心感受，不论是对待组织还是同事还是家人、领导者等。这些感受或是积极，或是消极，进而带来有效的或无效的工作行为。事实上，这些后来的研究不过是在基础范式上引入了各种新的概念，但基本都是应用了人际关系学说的方法论。这就是从研究上来讲，人际关系学说对于组织行为学的意义。

经济人和社会人的对立统一

从内容上来讲，在当时以科学管理和经济人假设为主的主流理论和命题阶段，人际关系学说无疑是一个突破性的理论。这个理论展示了员工作为人的更真实的一面。员工是人，一个真实的人是有血有肉的。一个人会有压力也会有快乐，管理者不得不去面对这个真实的一面，因为这和绩效息息相关。

人会有社会属性，在社会当中扮演着各种角色，父母、孩子、朋友、工作人员、管理者等，这些社会角色之间的互动关系使人的心态变得更加复杂和多元，从而使人的行为也有了更大的不确定性。所以，人是社会人。

社会人这个概念是对当时主流的经济人观点的一种发展。一些人认为这两个观点是对立的，以为经济人更看重钱，更理性，而社会人更看重情感，更感性。但事实上，这两个观点不是谁把谁打倒的问题，也不是谁替代谁的问题，而应该是对立统一的关系。

主张用社会人淘汰经济人的观点，无异于否定经济学的存在，其实是不合理的。经济学研究国民财富，很在意人是否幸福，可经济学并没有神化"经济"这两个字，也没有说经济最发达的地方人就最幸福，而是非常理性地认为物质条件在一定范围内对人的幸福感是有帮助的，但超过了这个范围，帮助就很少了。所以，经济学始终都强调"边际效用"，就像对于工人而言，前三盏灯很好用，再往后增加到第十盏灯，效力就不大了，这种对经济效用的理性把握恰恰是管理学应该去吸收和学习的。因此，经济人的观点并没有毛病，除非神话经济人的观点，认为经济万能。

经济手段不是万能的，所以紧随其后，社会人解释的正是经济人的"弱点"，说明在物质条件的"边际效用"开始递减之后，如何通过人际关系和组织行为的管理来让人恢复活力的问题。因此，两者没有根本的矛盾，中心目的都是提升人的效率。不妨再想想那个女孩子，不是得有了钱才能搬出来住，没钱就只好再回家"受气"吗？

如此来看，今天我们不是要丢掉经济人的观点，而是要把经济人和社会人这两个看似对立的观点统一起来应用，才能更好地提升人的效率。事实上，无论是对于个人还是企业组织，在特定阶段，尤其是发展的初级阶段，经济人的观点要占上风，但根据不同的情境来选择行为管理方式，也理应是组织行为学的特征。

非正式组织和士气：相互打气，互助为乐

留意一下 20 世纪三四十年代梅奥连续出版的两部著作的名字——《工业文明的人的问题》和《工业文明的社会问题》，从人到社会，社会人的观点就被确立起来了。在这当中，以社会人的观点为基础，梅奥延伸出两个基本概念，一个是非正式组织，另一个是士气。

非正式组织指的是一群有助于组织目标的好朋友，这些人际关系的形成是一种自发的组合，并不是正式组织所安置的，就像是小女孩和她的工友一样。要特别注意，从组织行为学的角度来看，并不是一群志趣相投的人在一起就是非正式组织了，必须要看这群人在一起是在做什么。如果一群人聚在一起是以消极心态和行动为目的，是为了和正式的组织目标对抗或者说是营造负能量，就不能算是非正式组织了。这样的一群人也无法称为一个积极的"团队"，而更像是一个不良"团伙"，是一群捣乱分子或者破坏分子。与之相反，小女孩和工友们在一起是相互帮助，促进了大家的工作，这才是非正式组织或者非正式群体的初心，即有助于人们开开心心去工作。

理解了非正式组织的概念之后就会知道，这个词在今天已经逐渐发展成了一个很时髦的概念，叫作"自组织"。正式组织充分授权给个体足够的空间自由组合。只是我们不能忘记自组织的根本逻辑，不论是叫自组织还是非正式组织，本质上还都是组织，因此，必须是以完成组织目标为目的的。自组织和非正式组织的弹性和灵活度本身就是一种组织行为的管理方式，目的一定是让彼此拥有更高工作绩效。

"士气"这个概念同样是来自一组实验的观察。梅奥对照了几个工作组后发现，有一个小组的出勤率非常高，而其余几个小组都很懒散。后来

他发现了一个根本原因：在几个很懒散的小组中，人们彼此之间的工作是没有太多关联的，少了谁对大家都一样，大家各做各的。而出勤率最高的那个组，彼此之间的工作关联度都很高，缺少了谁都会影响整体的工作，大家必须通力协作才能完成任务，才能实现个人的收益，这个时候每个人都不敢缺勤，并且很勤奋，工作热情都很高涨。所以，相比那些懒散的小组，这个小组就非常有士气。这就是"士气"这个概念的由来。

同样，士气也有一个初心，就是合作，彼此缺一不可。今天很多人都不知道怎么来定义士气，那就不妨看看梅奥对于士气的定义：士气就是保持合作工作或生活。换言之，一个组织如果没有持续合作，就不用谈士气，更不用谈高绩效了。"士气"这个词渐渐延伸到"团队"这个概念。所以，评价一个团队的好坏，还是回到初心，看看大家的士气如何，也就知道团队效能的来源了。

非正式组织和士气这两个概念说明了，人作为社会人需要的其实是彼此之间的打气，无论是在工作还是生活当中都是如此。这样我们就能重新定义"助人为乐"这个词了：我们的快乐来源于彼此的帮助，更准确地说是"互助为乐"。从"单项"到"相互"所呈现出来的"关系"，正是人际关系学说的精髓。

组织行为学的盛开：扎根效率，理解人心

在20世纪30年代之后，以经济人和社会人这两个主流观点为基础，又延伸出了一些代表性的组织行为理论，一个是需要理论，一个是人性理论。

需要理论以马斯洛为代表，他在《动机与人格》一书当中探索了人的

各种需要，其中基础的需要更接近经济人假设，高层次的需要更接近社会人假设。人性理论以麦格雷戈为代表，他在《企业的人性面》中探讨人性，所以有了以经济人为基础的 X 人假设，还有以社会人或者有更高层次追求的需要为基础的 Y 人假设。这两种理论的实践指导意义在于，管理者究竟要和员工用什么方式来相处，要看员工处于哪个阶段，或者说更接近于哪种假设，员工需要什么，就满足他们所需要的，否则，员工可能就不吃管理者那一套。

到这个时候，大致是在 20 世纪中期，组织行为学的重要奠基理论都已经基本成型了。换句话说，大树的树根和树干都有了，后面大多就是一些枝叶和果实的生长了。所以，如果熟悉了这些理论根基的话，在进行实践应用的时候，会发现这些根基性的思想会更有启示一些，原因在于后期的理论更多是提出一些新的学术概念和研究关系，但即便是新的概念层出不穷，也万变不离其宗，根本的思想才是价值发源地。这也意味着，在复杂纷繁的现实当中，我们只有回到根本，回归初心，找出主线，化繁为简，才不会眼花缭乱，才不会不知道用哪个理论，才不会不知道究竟要往哪里走。

而且，到这个时候，从心理学切入管理学，并产生了组织行为学，就能看出来组织行为学和心理学的区别了。其实心理学家更早就意识到了人的复杂性，比如人不喜欢太单调的东西，而到底什么是单调，什么东西更有意思，又因人而异，所以，人的这些不同的心理是心理学家研究的重点。相比之下，组织行为学就更理性了，因为组织行为学有目标、有组织和管理这些大前提，所以必须特别在意人的绩效，即便探索人的心理，也是为了提高人的效率，所以，这门学问是行为学而不仅仅是心理学，更准确地说是组织行为学。

从某种意义上说，这也是心理学对于管理学的贡献和发展。回到前面所说的，医学和化学等学科通过开发药剂的方式推动了学科的发展，但对管理学的推动意义并不大，相比之下，心理学却推动了管理学和组织行为学的发展。事实上，不少组织行为学的研究先驱都来源于心理学领域，到现在为止，依然有很多优秀的心理学者进入了管理学领域，他们的切入路径和道理就在这里，因为心理学可以给管理学带来研究上的贡献。

组织行为学的中轴线是人的效率问题。当我们看到在组织行为学的地基上不断发展起来的各种需要理论和人性理论时，当我们看到组织行为学向心理学取经的初心时，就会知道对"人的效率"这四个字的根本认知：扎根效率，理解人心。

心静如水，专注立足

从人际关系学说开始，各种理论研究不断丰富起来，也就有了系统的组织行为理论。对于这门学科的名字，从"人际关系学"变成"组织行为学"，单纯从名字来看，似乎深奥了许多。很多人不知道组织行为学是在说什么，觉得非常神秘，如果说起人际关系学，就知道在讲什么了。

事实上，人际关系也的确无处不在，组织当中的任何一个人都要面对这个问题。看看管理学中对管理者的能力要求，管理者需要有三种能力：一是技术技能，也就是要有一技之长；二是要有人际技能；三是要有概念技能，也就是要有洞察力。相比之下，基层管理者侧重于技术技能，高层管理者侧重于概念技能，而人际技能是各个层次的管理者都需要的。这也是组织行为学应用之广的体现，它在组织中无所不在。

在现实当中，人际关系学说有两点特别重要的启示。一是人际关系的目的是为了促进绩效。所以，人际关系不是以简单或复杂、多或者少为标准来判断，而是以有效性来判断的。

二是要让自己始终保持积极的心态。因为人际关系学说明确告诉我们一个规律：如果一个人情绪不好，是一定不会产生高绩效的。现实生活当中我们常常善于比较，甚至攀比和嫉妒，或者说是自我炫耀，但不论如何，我们必须要保证自己内在情绪的稳定。如果比较的结果是让自己情绪紊乱、不知所措，最后麻烦的会是自己，因为影响了自己的绩效。自我炫耀的人也是，如果沉浸在炫耀的过程中迷失自己，不能让自己平静下来的话，同样不会有高绩效。

从这个角度说，对于人际关系而言，到底能否带来绩效，重要的不是他人，而是能否管理好自己，让自己有稳定的情绪，排除人际关系的干扰。换言之，不论人际关系本身如何，自己都应该保持情绪的稳定和积极上进的行为。很多人都听说过组织行为学当中的一个概念，叫情绪智力，通俗地说叫作情商，都说情商高的人会搞人际关系，可其中真正的要点在于会自我管理，能够管理好自己的情绪，所以才叫情绪智力。因此，真正情商高的人不是更复杂，而是更简单、更单纯，因为他们只需要管理好自己。

人际关系学说起源于第一次世界大战，或许真正理解了这个理论之后，我们也会清楚人际关系学说对于第一次世界大战的反思了。我们如果不仅懂得科学，懂得医学、化学、生物学这些学科，而且懂得人际关系学说的艺术，就可以减少很多摩擦。做好自己，保持积极，彼此尊重，这是人和人的相处之道，也是国家与国家的相处之道。所以一定不要忘记，组织行为学是一门积极的学问，这是从学科开始之日起就打下的基调。

管理若水，面对这个已经完全开放的世界，在自我管理上我们应该做到心静如水，不以物喜，不以己悲，安心做事，用专注的品质在开放的世界中立足。

大道相通

泰勒的科学管理、德鲁克的分权管理、梅奥的人际关系学说，算得上是组织行为学从萌芽到生成的三个重要的里程碑了。

当把行为学嫁接到某一个具体的专业上时，每个专业当中也都会有行为的榜样。我曾给武术专业的学生讲授过组织行为学，学生把李小龙、成龙、李连杰作为功夫电影的代表人物。借助这些耳熟能详的人物做一个大致的类比，可以比较直观地感受到这几位管理学家的区别和贡献，也有助于我们的理解和记忆。

李小龙是典型的实战派，从实战入手不断摸索，开创了"功夫"这个电影流派。泰勒也是实业家，从做企业中不断摸索出管理科学。所以，泰勒就像是李小龙，从功夫和管理这两个词的发展时间轴来算，这两个人作为各自领域的第一当之无愧。

德鲁克是学社会学出身的，通过不断坚持，最终让管理得到了市场的极大认同，大大提升了管理学在世界各地的影响力。成龙是学戏曲出身的，不断摸爬滚打，最终将功夫电影带到了世界各地。从影响力和生命力的角度看，德鲁克就像是成龙。

相比较而言，梅奥有些像李连杰，是非常典型的学院派。梅奥的人际关系学说"有板有眼"，算得上是最正宗的组织行为学派，所以在谈组织行为学的历史时，梅奥不可或缺。

从这种类比中也可以发现，各行各业似乎有着相似的成功规律，而通往成功的路径又不止一条。所谓条条大道通罗马，重要的是我们有没有找到那条属于自己的道路并勇敢走下去。哪条路径光彩并不是由路径本身决定的，而是由行人的行为来决定的。

其实，人走多了才有了路，这句话只说了一半，在这之前，是因为前人的行为在这条小道上大放异彩，从而照亮更多行人走上这条路，才走出了后面的康庄大道。条条大道通罗马，每条大道应该都是这么走出来的。

第十一章 ｜ 开启绩效之门的三把钥匙 ｜

组织行为学是一门应用性的学科，这意味着，组织行为学作为一种理论，必须有应用价值才可以存在和发展，换句话说，它必须能解决实际问题。整体来讲，组织行为学是在解决效率的问题，按照发展历程来说，涉及三个具体的效率问题。

生产效率

需要特别说明的是，生产效率不是组织行为学直接去解决的问题，但是这个效率是组织行为学生效的前提。换言之，如果解决不好生产效率的问题，组织行为学就算把其他的效率问题解决得再好，都不能带动组织产生绩效。因此，组织行为学在解决实际问题时，要首先保证组织有良好的生产效率，也就是说人们有科学的工作方法，有科学的工作分工，如果没有这个基础，组织行为学讲再多的合作和结构设计，都很可能成为"虚构"。

组织效率

劳动生产效率仅仅解决生产本身的问题，尤其是在一个企业组织发展的初级阶段，会帮助组织在短期内赢得规模经济，从而让企业开始呈现出较快的增长，但是增长的瓶颈就在于组织效率。在生产效率的基础上，组织要想有质的飞跃，就要依靠组织本身的设计了。这个部分的内容不是针对生产本身，而是把组织当成一个整体来设计的，按照一定的原则，把企业设计得更像是一个组织，从而让组织可以容纳生产效率最大化带来的机遇，提高组织效率。

人的效率

这是组织行为学的终极一关，在生产效率和组织效率都得到优化的前提下，最终考验组织有效性的是人的效率。组织行为学终究要回到个体的层面来解决问题，很多时候人们常说人和机器不一样，人有感情，机器没有，但是人和机器又有共性，都会遭受"磨损"。同时，人有社会属性，但是又不是绝对的，而是经济人和社会人的对立统一，就像人没有绝对的好坏之分一样，这就是组织行为学的难点和要解决的人的效率问题。

在解决个体效率上，组织行为学试图去稳定人的情绪，让人专注于工作，从而获得绩效，而人的情绪或态度又受一系列人际关系的影响，所以组织行为谈团队，根本意义上是要帮助个体提升效率。但是组织行为学又认为，这一切的根源取决于个体，所以，组织行为学又要去倡导很多积极的个性或观念，比如情商或者情绪稳定性，以此来引导个体向更加积极的方向努力。因此，在组织行为学中个体部分的管理本质，实际上是一个人的自我管理。而也只有当一个人把自己管理好时，自己才有效率，组织才有效率。

03

换个方向，新的认知

在知识陪同我们进阶的路上，也许我们会有怀疑的时候，比如质疑知识到底有没有用。事实上，知识一定会有用，这是学习知识的前提，关键在于我们要会运用知识。

如果我们相信组织行为学这件法宝，就要找到其中的窍门，需要我们跳出自己的固有认知，换个方向，看看这件法宝到底应该怎么用。所以，我们得去了解这门学问的特性，在此基础上形成新的思维方式，这种新的思维方式会让我们的成长之路变得更加坚定。

|第十二章| 纳百川，道致远|

对于跨学科性的学科，可以有多种多样的解释，比如这门学科的知识要和很多相关学科的知识综合起来使用，但是一个根本的解释是，组织行为学是学科交叉发展的结果。

集大成者：凝聚不同学科的智慧

仔细留意会发现，以德鲁克为代表的社会学研究者对"组织"的研究做出了重要贡献，以梅奥为代表的心理学研究者对"行为"的研究做出了重要贡献。所以，社会学对应组织，心理学对应行为，社会学和心理学就像是父母一样，组织行为学就这样诞生了。跨学科性可以带来三个重要启示。

一是新生事物可以产生于融合和创新。作为一门学科，组织行为学正是如此。事实上，我们还可以举一个例子：截拳道作为一门功夫门派，其形成也是这样的。李小龙的拳法是咏春拳，他的脚法像是拳击的脚步移动，他的兵器是来自菲律宾的双截棍，最后作为一个学习哲学的学生，他把所有的武术动作与东方的水哲学联系起来，用水的思维方式使自己的功夫发挥到了极致，从而创立了风靡全球的截拳道。

二是学科之间的互动性。从学科产生来看，社会学和心理学走入企业实践，催生了组织行为学的诞生。反过来，组织行为学的诞生和发展其实也促进了社会学和心理学的发展，尤其是促进心理学的发展。

20世纪中期，组织行为学确立之后，工业心理学也得到了重要的进步，从侧重工业心理本身开始更加往应用方向靠近，大大提升了心理学的应用性。当应用心理学出现后，美国开始成立应用心理学学会，而诸如《应用心理学报》之类的心理学期刊也成为组织行为学最为重要的期刊之一。到了这个时候，应用心理学和组织行为学已经几乎交融在一起了，很多心理学家进入组织行为学领域，同时又和组织行为学家一起，把心理学和行为学拓展得更加系统。

组织行为学对于社会学的影响表面上或许没有这么显著，但在实践中，组织行为学通过支持企业成长进而促进社会进步的力量也是非常巨大的。这种相互协同支持的关系，正是组织行为学本身所提倡的。

三是要知道学科的根，这是最为重要的。抓住根本，会有醍醐灌顶之效。事实上，如果进一步研究，对组织行为学的根还可以挖掘得更深，这个根比社会学、心理学、人类学等相关"前辈"学科还要早，那就是哲学。管理学和组织行为学都是来自西方的学科，而西方知识体系的源头正是哲学。

寻根：组织发展的哲学穿越之旅

如果了解西方哲学的发展就会知道，西方哲学从苏格拉底和柏拉图开始，到之后亚里士多德时，哲学就已经被尊称为第一哲学。第一哲学意味着：一方面，哲学是最高的知识；另一方面，用今天的学科术语来讲，哲学是一级学科，是绝对的"前辈"，再有相关学科就要往后排了。

苏格拉底、柏拉图、亚里士多德，这是古典哲学的部分代表性人物。发展到近代哲学阶段，由于笛卡尔、休谟、康德等人的知识都足够丰富，他们就开始反思第一哲学了。作为最高知识，只有知识还不够，要把知识和实践经验结合起来才可以，也就是说，哲学作为第一哲学，应该是一种综合性的知识，不能绝对地"唯理"，而是要将理论和实践相结合、理性和感性相结合。比如，讨论"5-3=2"并没有什么意义，如果5是收入，3是成本，2是利润，有了这样的经验，理论就有用武之地了。如果是"唯理"的话，哲学可能就会自己把自己的后路堵住了。

因此，哲学虽然是最高知识，但是也要"接地气"才便于传播，否则就违背了哲学探讨人类生存问题的初心。伴随着这样的哲学反思，西方哲学的发展也愈发注重理论和实践的结合。到黑格尔的时候，他就开始对前人的知识做综合和创新了。黑格尔把一些片段的、琐碎的生活经验很有条理地整合在一起，所以，就有了"小逻辑"。"小"代表着琐碎的小事，是感性的经验，而"逻辑"则是有条理的组织，是理性的结构，这才是小逻辑的意思。我们是否懂得这种小逻辑呢？其实组织行为学也秉承了这样的小逻辑。

以上是近代哲学，再往后就是当代哲学了。到了海德格尔的时候，就开始谈哲学的终结了，这意味着又要有新的篇章出来了。因为到了近代哲学，哲学的话题就越来越"落地"了，而这些越来越具体的话题已经可以独立成为新的学科了。比如，弗洛伊德和尼采这些人去谈高贵，谈人性善恶，这些话题就可以归类为心理学。同样，像是孟德斯鸠、孔德、马克思等人，可以把他们称为哲学家，但是如果再往下深挖一步的话，就是社会学家了，同样的道理，还有人类学家等。

这意味着，第一哲学可以"终结"了。哲学作为一级学科，社会学和心理学就可以作为二级学科，成为哲学的子学科。到这里我们就非常清楚了，再往下一级，就是组织行为学或者管理学了。当然，严格细分的话，组织行为学还可以放在管理学里面，但基本的脉络已经"柳暗花明"了。

这样我们就会清楚另外一个"常识"的本意了。对于管理学的最高学位博士学位，在授予的正式学位当中，"管理学博士"的全称是"管理学哲学博士"。所以，管理学博士的本质是哲学博士，而管理学的最高知识依然是"第一哲学"。

这提示我们，管理学也好，组织行为学也好，谈理论也好，谈实践也好，都有必要进行哲学思想的积累或者训练，至少要知道一定的哲学常识。也因此，无论是西方哲学还是东方哲学，从内容的角度都可以为组织行为学带来重要启发。

事实上，东西方哲学从一开始在内容上就存在一些共性，而这些最为本质和规律性的认知，恰恰是埋藏在社会学、心理学以及随后的组织行为学当中的深厚底蕴。

积极入世，幸福生存

如果细心研究和对照，东方的哲学家老子、孔子、墨子，这些人和西方的哲学家苏格拉底、柏拉图和亚里士多德，无论是在写作手法还是主要观点上都有一些相近的地方。

积极入世

哲学家的共性都是在探讨人的生存和生活问题。人类生存问题超越了东西方差异，是全人类共同的哲学本质。这些最早的东西方哲学家，往往是说的比写的多，路走的又比说的多，所以虽然有时候只是一些对话性的篇章，甚至是一些精干的比喻或名言警句，但是都蕴含了丰富的生存哲学。

柏拉图的"洞穴比喻"就非常典型。对于黑暗中的人来说，人从黑暗的洞穴到光明，要一步步地走，是个渐进的过程，如果一下子突然见到光明，眼睛可能被"亮瞎"。对于光明中的人来说，也只有到了洞穴，才能看到全部的世界是怎样的，而不是只有片面的认知。但是，光明的人又不能总让自己停留在黑暗的洞穴当中，否则，眼里就只有黑暗的世界，会变成瞎子。对于两者来说，上坡路和下坡路都是同一条路，选择从洞穴走向光明还是从光明走向洞穴，就看你怎么走了。

事实上，这些隐喻已经道出了组织行为学的真谛：让人和组织走向光明。组织行为学是一门积极的学问，是可以找到哲学渊源的。如果把洞穴和光明看作是组织中的层级，不同层级的管理者和员工的行为逻辑也已经在里面了。

柏拉图和孔子的作品都是以对话的方式在启迪世人，值得我们去深刻领会当中的寓意。孔子提倡的"孝"字和柏拉图的"洞穴比喻"其实有着异曲同工之妙。孝顺父母实际上也有象征意义。

西方的宗教信仰讲天堂和地狱，倡导人积极上进，追求光明。而儒家信奉无神论，所以儒家文化和西方宗教不同，不是讲天堂和地狱，而是讲入世，中国人最为珍爱的是家，而家的缘起是父母。西方讲上帝造人，所以要敬畏和爱护上帝。无神论和入世的观点就更接地气，中国人的敬畏之心和爱护之心就直接体现在孝顺父母上。如果一个人连父母都不敬爱，就很难做出更多善行，所以才有"百善孝为先"的说法。

因此，"孝"字不仅仅是针对父母，而是借助家和父母的美好画面提醒我们，要拥有敬畏之心和爱心。"孝"传达的积极观点不仅仅可以用在父母身上，对企业经营者来说，对员工、顾客、合作伙伴，是否也应该有敬爱之心呢？这些人正是企业的衣食父母。无论是做人还是做企业，当我们拥有这样的心态和行动时，就是在积极入世了。

幸福生存

在谈积极行为时，无论是在生活中还是组织行为学中，我们常常谈到"道德"这个词，如何更深入地理解"道德"这个词呢？

其实老子就在讲"道"，而同时期的苏格拉底则在讲"德"。行为要有道，所以经营企业要遵循规律，要有"领先之道"。苏格拉底一开始就讲"合德性"，沿着这个根出发，又出现了"合理性""合法性"等常用的行为准则。做老师的讲师德，行医的讲医德，习武的讲武德，延续这个逻辑，经商的虽然讲商道，但必须是"合德的商道"。因此，对于企业而言，"道德"的意思其实是"有合德性的领先之道"，保持领先而又不失合德性。

作为紧随苏格拉底的哲学家，柏拉图和亚里士多德师徒二人，一个谈从洞穴走向光明，另外一个谈"善"，两人都主张要"光明向善"。

亚里士多德所讲的"善"的意思是说，要去"运用"德性。如果一个自称有德性的人整天睡觉，那么德性就没有任何意义了。所以，准确地说，应该是"德行"，从讲"合德性"到做"合德性"，才能实现最高的善念。这种最高的善念就叫作"幸福"。幸福意味着一种积极的生活方式，遵循"知行合一"，是从积极的理念到积极的行为，这正是组织行为学的核心要义。

和亚里士多德一样，墨子也在履行善念。墨子和徒弟虽是游侠，但却行侠仗义。虽然墨家常被冠以"利"字当头，那个时期所谓的武士也的确以为雇主提供服务而生，就像是"拿人钱财、替人消灾"。不过，这些人也并不是唯利是图，而是遵守职业道德的，做到"君子爱财、取之有道"方为"正"人君子，才是善人。从"利"到"正利"，就是组织行为学的利益观。

今天，人们在说人的幸福时，看似并没有标准答案。比如，对于没钱的人来说可能有钱就是幸福，对于病人来说可能健康就是幸福。但是，哲学告诉我们，幸福本身有一个统一的标准，就是积极的生活方式。这个时候的幸福就是最高的善。再联想一下老子所说的"上善若水"，以及在组织行为学中苏东水提出的"管理若水"，陈春花提出的"水样组织"，在这些理念当中，组织和个人都持续地追求进步和成长，想到这些，会更加体会到这就是不断向前迈进、通往幸福的善行之路。

所以，我们既然活着，就应该幸福地活着；我们既然工作，就应该去幸福地工作，这样才能"幸存"。这样，"幸存"这两个字也可以被重新定义，活下来不是因为幸运，也不是被动的选择，而是因为积极地去活。所谓"幸存"，应该是"幸福生存"。不是为了幸福而生存，而是本就应该幸福地生存。

与真理为友

积极入世，幸福生存，这就是组织行为学所蕴含的"哲理"了。这个真实的哲学原理，也应该成为我们一路前进的"朋友"。

哈佛大学对校训"真理"的解释是，要"以柏拉图为友，以亚里士多德为友，更以真理为友"。所以，对于真理的探索，"哲理"还只是一半的工作，还有另外一半的工作要深入到更细致的情境中去探索。

作为综合性大学，哈佛大学和很多大学一样，也有各种各样的专业，可是不论何种专业、何种背景，要获得真知，我们都需要有哲学的知识相伴，因为哲学会赋予我们知识的共性。所以，追求真理要先去认识哲理。

在哲学认知的基础上，我们还要在自己的道路上进一步去挖掘真理，找到专业知识的个性，才可以让真理更加完整。对于组织行为学来说，最有特色的特性莫过于"情境性"了，这个特征和哲学基础一样，应该伴随组织行为的理论认知和实践活动。

第十三章 "变地开花"：理论也会"水土不服"

很多人都有这样的疑问：某个理论放在你的企业里管用，放在我身上管用吗？这个问题实际上就是在说情境性。情境性几乎贯穿了组织行为学的全部内容，学习组织行为学的任何内容，都需要细细地去品味其中的情境性。

适者生存，因地制宜

事实上，类似的问题无处不在，不论是在生活中还是组织中，不论是对于个体来说，还是对于组织整体来说。

比如，一个人或者一个企业在某地活得挺好，但是换到另一个地方，就活不下去了，或者就做不出成绩来了。反过来，一个人在某地活得一点都不好，但是换了个地方，就大放异彩。有的企业说这个经理人不行，但这个人去了另外一家企业后做得非常好。还有的人在这个领导手下干得不错，换了个领导就不行了。还有的领导只会跟听话的手下打交道，遇到一个"刺头"就不知所措了。那问题出在哪里呢？是人的问题还是空间环境的问题？

以上是空间的例子，还有时间的例子。所谓"三十年河东，三十年河西"，有些人和企业现在状况挺好，后来不行了，有些则是后来者居上。同样地，问题出在哪里？是人的问题还是时间的问题呢？

事实上，两方面的因素都有，是双方能否匹配的问题。因为人和空间不匹配，人和时间不匹配，所以就容易做出脱离时空的行为，容易被环境所淘汰，而当人和时空相匹配了，就会做好。

因此，情境性的本质是一种匹配，是人和环境的契合，是适者生存。必须承认，组织行为学中没有任何一条规律适用所有个体，因为有情境性。不过，如果硬要从组织行为学中找出一条普遍适用的规律的话，那就是情境性了，或者说是适者生存，因地制宜。

谈情境性的前提是自身的努力

对于情境性，最大的误解在于走极端。现实当中，人们常常犯两类错误。

第一类是完全忘记情境性，直接忽略了环境因素的存在，不懂得去和环境配合，不懂得去吸收和利用环境中有价值的事物，从而导致行为的无效性。

第二类错误需要特别注意，就是过于强调情境性，无限放大环境的作用。做不好就是环境有问题，就是领导、同事或者下属有问题，企业经营不好也归因于自己没有赶上好时代。总之，除了自己之外，其他哪里都有问题，甚至把情境性当成了一种借口。这个时候必须清楚，根本的原因还是在于自身，不能过度强调环境而忽略了内在的问题。

换言之，对于情境性而言，情境性就是个体自身。这句话听起来有点拗口，意思是说，环境本身要发挥作用，同样要依赖于个体。否则，但凡每一个名校的毕业生就都能成功，但凡生在深圳的企业也都能成功。当然不是这样的。只有一个非常有活力，有朝气的人或企业才能在深圳活得好，因为和深圳"对味"，而深圳作为特区就算有再强大的独特本领或政策，也只能帮到这样努力的人或者企业。理论也是一样，不要指望哪一个理论或者规律可以彻底帮到自己。

因此，谈情境性的前提，依然是个体的努力。换言之，说句不太"负责任"的话，有些理论放在其他人或者企业身上管用，但放在你的身上不管用，其实这不是理论的问题，而是自己的功夫还不到位，更应该反思的是自己。当然，在自己足够努力的情况下，就可以去寻找适合自己的理论或者环境，如果依然找不到，那问题肯定还是在自己身上。

努力的方向：触碰理论的适用条件

当个体能够达到理论的适用条件时，才能让理论在自己身上发挥效力。

比如，可能有的企业会说无边界组织没用。这家企业或许只是知道无边界就是没有边界的，可是并不知道无边界的前提是有边界，就像自由的前提是有法律的限制。通用电气公司在开创无边界组织之前，其组织已经拥有了近百年沉淀下来的文化和制度，使人员训练有素。如果没有这样的前提，无边界就会成为一片散沙，乱成一片。因此，无边界不等于漫无边际。

不妨反过来问问，无边界组织这个概念从20世纪80年代就有了，并且很早就有著作来阐述这件事情，可为什么海尔这样一个如此善于学习的企业，到了21世纪才开始不断去拆组织的墙，让组织结构大变，而不是在30年前就做这个动作呢？

答案也很简单，因为企业之前的条件并不成熟。有静才有动，有集才有分，有约束才有自由。

同样，还有的企业说事业部制没用。可为什么通用汽车、美的等企业却用得很好呢？原因还是没有把握情境性。不是这个理论没用，而是自己的工作不到位。

事业部的做法是要拆自己，有的企业自己都还没有发育成熟就开始拆自己了，要知道，对于企业来说，每一个职能部门就像是一个人的器官一样，如果一个人的胳膊、腿和各个器官都没有发育完全，就把自己强行分拆，后果的严重性可想而知，很可能会毁掉自己。所以，美的集团也是规规矩矩地把自己的销售规模做到30亿元，实在增长不动了，同时自己又已经比较成熟了，才开始拆分自己。这个时候，才能拆出成效。说事业部不管用的企业，是否把握住了这种"火候"呢？

对于情境性，我们虽然要相信"三十年河东，三十年河西"或者"此处不留人，自有留人处"的说法，但是一定不能把希望寄托于三十年的等待和任何一个港湾，如果自己不做改变和努力，这和守株待兔没有什么分别。

知道了组织行为学的情境性，就要求我们要努力，并且努力的方向是去触碰理论的适用条件。这也提醒我们不是盲从理论，不是盲目地学习理论而忽略了理论的适用条件，把关键的条件学到并做到，才能产生效果。

事实上，组织行为学已经发展了近百年，在这个过程中，根据各种各样的人和组织也积累了一些规律。所以，我们会看到各种人格、各种结构方式、各种组织形状、各种领导方式、各种组织发展方式，相信对于一个上进的个体而言，不论是企业还是个人，只要保持积极的行为，在这么多的规律当中，"总有一款适合你"。实在没有的话，至少有一个规律可以一直陪着你，这就是情境性，适者生存。

第十四章 | 组织行为学的边界和内涵 |

在了解组织行为学的内容体系之前，有必要先看看它和一些近似学科的区分边界在哪里。事实上，梳理清楚组织行为学的边界和内涵，组织行为学的层次感就完全显现出来了。

组织行为学、管理学和人力资源管理

组织行为学常常和管理学放在一起来论述，不过很多人可能弄不清楚这两门学科之间的关系。单纯从内容角度来讲，两者有非常多的交集，而内容的交集多体现在两者共同关心的组织和人的问题上。

如果是广义地看待组织行为学和管理学的话，两者差别不大。管理学从整体上解决三个问题，一个是生产效率问题，也就是我们的劳作本身是否科学有效，二是组织效率问题，也就是组织整体的效率如何，三是个人效率问题，也就是关心人本身能否释放出效能。从直接解决的问题上来看，组织行为学可能更多地会直接关心组织和人的问题。不过尽管如此，谈组织行为学这三个效率又缺一不可，因为要保证组织的有效性，就必须把组织的关键问题都解决掉。从这个角度来讲，这两个词其实是可以通用的。

从狭义上讲，解决生产效率的具体运算内容，通常归到管理科学或者运营管理的范畴。组织行为学和人力资源管理都更多地聚焦在人的问题上。所以，从严格意义上讲，组织行为学和人力资源管理都是从人的效率问题才开始真正独立出来的，这也是很多人觉得组织行为学和人力资源管理非常相似的地方。

这样，我们就清楚组织行为学的学科范围或边界了。如果从广义上说组织行为学的话，大致相当于我们平时说的管理学，而如果从狭义上来讲组织行为学的话，就比较接近人力资源管理。

这些学科的共性在于，核心都是围绕绩效，都是在解决效率或者有效性的问题，不论是对于生产、组织还是个体。即便它们是有某些共性的，可以把组织行为学、管理学以及人力资源管理划上一个约等号，但是，这些学科之间看待问题的角度是不一样的，这种视角的不同，也决定了这些学科在内容体系上的结构安排是不一样的。

管理学是从把管理当成一种职能的角度去看的，所以，管理学本身的知识体系往往是按照计划、组织、管理、控制进行的。这样，从计划开始到执行控制，管理就变成了从战略到一步一步落实的一项项活动。这也构成了管理工作的内容体系。

人力资源管理，顾名思义，其角度是看人，其工作主要是围绕人来进行，所有的管理活动重心全在人上面。所以，人力资源管理的内容体系则是人才甄选、人才培训、人才考核、人才发展等一系列非常直观和直接的人员活动。

组织行为学又不一样了，其角度是看行为。在组织当中涉及哪些关键行为，其内容模块通常就是什么样的。所以，一般来讲，由于主要涉及个人、团队以及组织整体这三个层面行为，组织行为学的内容体系也大致是按照这个结构来展开的。当然，随着新时代的到来，又可以引入新的视角，比如互联时代的到来和新生代的崛起，根据这些时代变化对这些行为带来的真实影响，又可以把这些影响嵌入在这三个层面，继续延伸这三个层面的内容，尤其是在组织层面，组织变革的部分比以往变得更加重要，水样组织等新内容也不断涌现出来。

因此，一个是从职能角度来看待各项管理活动，一个是从人才角度来看待各项人事流程，一个是从行为角度来看待各个行为层面，这就是管理学、人力资源管理，以及组织行为学的内容差别。

组织行为学的内容体系

组织行为学的主要内容是围绕着组织和人的行为展开的，具体分为三个行为层面：个体行为、团队或群体行为、组织整体的行为层面。其中，个体和团队层面始于巴纳德的合作原理和梅奥的人际关系学说，而组织层面则可以追溯到法约尔的组织原则和德鲁克的组织分权管理。所以，个体、团队以及组织这个内容架构基本是在 20 世纪中期有了雏形。

关于个体层面的内容，以梅奥研究的态度和行为的关系为基础，从 20 世纪中期开始，研究一个人的个性、认知与行为的关系逐渐开始流行，比如 50 年代的《个性与组织》、60 年代的《企业的人性面》，从而让我们看到组织当中有形形色色的人，有各种各样的认知和行为，有组织期望的，也有组织不期望的，有成熟的表现，也有不成熟的表现。同时，随着各种需要理论的不断建立，从 20 世纪 40 年代马斯洛的需要层次理论开始，到 20 世纪 60 年代麦克利兰的三种需要理论以及赫兹伯格的双因素理论，组织行为学逐渐形成了一套可以驱动组织所期望的行为产生的系统理论，也就是激励理论。所以，在个体层面，个性、认知以及激励理论成了这个部分的核心内容。

团队层面的内容，仍然是以梅奥的人际关系为基础，在1945年他的《工业文明的社会问题》发表之后，因为让人们意识到不同的群体有不同的动力或者绩效，紧接着就有了各种群体动力学研究中心的组建，也就是去研究群体行为的有效性，而更确切地讲，一个有效的群体应该用团队这个概念。以1938年巴纳德的《经理人员的职能》为基础，该书除了体现出人际合作关系之外，领导力的话题也被引了出来，因为在一个团队当中，领导力是促成合作和团队有效性的重要因素。巴纳德的书名已经在讲领导者要做什么了，他自己也在1948年的《组织与管理》中阐述了领导者的个人特质和一些权变的思想，从而奠定了领导力研究的基础。从20世纪60年代开始，领导者到底是关心人还是关心工作这一问题使权变领导理论开始正式登场，领导理论也逐渐形成。所以，在团队层面，群体有效性或团队效能、领导理论成了这个部分的核心内容。

关于组织层面的内容，可以说是"起了个大早，赶了个晚集"。这个部分在1916年法约尔的《工业管理与一般管理》中就有了，但是相比之下，并没有像梅奥那样迅速地带动个体和群体层面的研究，即便是在20世纪40年代德鲁克《公司的概念》引爆了组织分权管理的实践之后，对于组织行为研究的影响似乎都没有产生那么迅速的反应。反倒是德鲁克之后率先引爆了战略管理这个话题，因为沿着组织结构分析，就找到战略对于结构的影响。所以，20世纪五六十年代，战略率先成为热点。关于这一点，看这个时期德鲁克的《成果管理》和钱德勒的《战略与结构》就会知道了。

这时候我们会发现，战略反而成了牵线的桥梁，同时，外加一个重要的导火线，这就把埋藏了多年的组织行为问题彻底激发出来。这个导火线就是环境的巨变。从20世纪60年代末开始，诸如本尼斯之类的美国预言家就已经断言，未来的组织最为重要的是进行变革，因为环境在快速变化，充满了不确定性和复杂性。从 20 世纪 70 年代开始，不论是进行研究还是做咨询，组织变革都开始流行，甚至组织变革也拉动了领导力的发展，有了变革型领导的概念，所以早在 20 世纪 80 年代初期就有了对变革型领导风格的研究。

事实上，对于当时的美国而言，预言家的预言确有道理。20 世纪七八十年代，美国商业环境迎来的最大挑战，就是日本企业的冲击。这个挑战如同一个巨大的冲击波，催生了一大批组织文化的研究成果。所以，到了 20 世纪八九十年代，组织文化又开始流行。从 20 世纪 80 年代的《Z 理论》和《追求卓越》开始，到 20 世纪 90 年代的《第五项修炼》和《基业长青》，组织文化理论的这场盛宴的内容也越来越丰富。

不过，中国企业的进程要稍微慢半拍。中国企业因为并不是一开始就是大企业，所以需要一个成长过程。同时，中国企业也不是在发展之初就经历了动荡。但是随着自身的不断成长，尤其是在 20 世纪 90 年代之后，随着市场经济、全球化经济外加互联网时代的到来，这个时候的中国企业急需组织文化和组织变革的武器来武装自己，因此，这也成了 21 世纪中国企业组织行为的热门问题。

在组织层面，从最初的组织结构，到后来由动态环境和战略因素而拉动起来的组织文化和组织变革，组织层面的内容体系就有了。这样，在组织层面，组织结构、组织文化和组织变革就成了这个层面的核心内容。

如上所述，以个性、认知和激励为内容的个体行为，以团队效能和领导力为内容的群体行为，还有以组织结构、组织文化和组织变革为内容的组织行为，就构成了组织行为学的核心内容体系。事实上，个体层面通过倡导积极的个性、价值观和激励理论引导人的行为更加正向，群体层面通过团队和领导力让人们在一起有更高的效能，组织层面通过结构设计、组织文化和变革让组织整体不断保持活力，这就是组织行为学的价值贡献。

| 第十五章 | 刷新你的思维方式 |

因为涉及人和合作，从某种程度上来说，组织行为学充满了管理的艺术性，不过，作为一门学科，组织行为学也有着属于它的章法，所以，它有韵味，更有韵律，有着自己独特的思维方式。

合 作

组织行为学的思维方式总是会先去考虑合作，这门学科本身也始于合作，是跨学科合作的结果。因此，学习组织行为学，要有超越学科本身的意识和训练，要有知识的广度，无论是社会学、心理学、人类学还是统计学、数学，往往都能派上用场。同时，要有知识的深度，去探究组织行为学的深刻底蕴。组织行为学虽是一门年轻的学科，但是从哲学渊源来看，又有着悠久的历史，这样的根基也引导着整个学科往非常积极的方向发展。这种广度和深度的跨学科性也反映了合作的章法：横向合作和纵向合作。

权 变

权变的意思就是考虑情境性，在权衡个体和环境如何达成一致的前提下让自己做出改变。组织行为学永远没有唯一的答案和不变的答案，如果有不变的答案，那就是权变。几种领导方式哪一种最好，几种结构方式哪一种最好，几个行业哪一个最好，几个企业哪一个最好，几个人哪一个最好……组织行为学这门课程，虽没有最好的答案，但却存在一个合适的答案。当然，怎么样才能合适，前提是个体的努力，努力的方向就是去触摸某种方式的适用条件。拿事业部结构来说，如果触碰不到这个结构的生效条件，这种组织方式再好，都和自己无关。因此，权变的思路是调整自己，因地制宜，适者生存。

务　实

组织行为学的形成背后总有一些有冲击力的管理实践，不论是巴纳德和法约尔的经理人实践、泰勒的生产管理实践，还是德鲁克深入企业研究实践、梅奥对人的观察实践，这些案例在今天看起来并不华丽，但是每一个都是实实在在的探索，因此结论也充满了说服力。这就是组织行为学无论是在研究还是实践当中都应该保有的精神，也只有这样，研究才能有创新，实践才能有成效。因此，从这个角度来看，组织行为学所反映的应该是一种用事实说话的管理实践。

系　统

组织行为学是一门内容非常清晰的学科，因为它的内容是以非常系统的方式呈现出来的，以个性、认知、激励为基础的个体行为，以团队和领导力为基础的群体行为，以及以结构、文化、变革为基础的组织行为，已经把整个组织行为学的核心内容表述出来了。有效的组织实践来自于组织行为学的系统行动，这让组织实践和组织行为学变得更加有律动。

04

奔赴卓越：企业成长的五大核心驱动力

聆听了智者的声音，踏上了提高效率的正道，掌握了知识的要领，一切准备就绪，接下来就要奔赴卓越了。卓越不仅仅来源于思想，更来源于行动。根据组织行为的层次，一个企业要奔赴卓越，需要五个方面的实际行动，从个人提升、理性塑造、人员激励，到领导团队和组织成长，这些确保了组织行为的系统性，为组织和个人共赴卓越全方位地保驾护航。

第十六章 | 个性：自营人生 |

似乎人人都想与众不同，但我们和别人的不同究竟在哪里呢？每当深夜一个人静下来写作，总是有一句话激励着自己，这句话是对成功者的一个定义：成功者就是那些当别人的灯已经关了而他的灯还在亮着的人。这个定义很难用对错或者准确与否去评判，但是不得不说，这就是那些少数成功者的必经之路。这的确是一种个性，是成功者与众不同的地方，而要成为这样的少数成功者，恐怕也少不了这样的付出。

个性是和别人不一样的地方，是在讲人和人的不同在哪里。不过，这样笼统地讲可能又漏掉了一个关键词：稳定性。如果一个人今天表现出某种状态，明天就没有了；过了几天心情一好，就又开始有这种状态了；之后换了某种场景，又不是这种状态了，这就不是个性了。所以，个性不仅仅是与众不同，更重要的是一种持续性的稳定表现，这才是人和人真正不一样的地方。

组织行为学总结了一些积极的个性概念，借助这些概念的实践，我们可以更好地认识自己和改善自己，把自己的人生经营得更加多彩。

形形色色的人物，多姿多彩的人生

有一个系统化的基础工具，叫作"大五人格"。这套工具比较系统地总结了人的五种个性，从中也可以看到形形色色的人。

第一种是开放性。这个不难解释，有的人非常开放，容易接受新的变化，喜欢新鲜的事物；而有的人则非常喜欢过去的模式，喜欢熟悉的事物，这是人和人的第一点不同。

第二种是责任心。实际上这个词我们听得太多了，可是很少有人能准确地说出有责任心的标准是什么。不妨来看看组织行为学中的一个标准：在做事情的时候，如果自己做不好的话会非常内疚，会责备自己。如果我们懂得自责的话，才算有了责任心。所以，一个有责任心的人做事会一丝不苟，全力以赴，不会让自己留有任何遗憾。责任心的本质其实一种良知和良心。相反，责任心不够的人做事情不够认真仔细，甚至会偷懒。毫无疑问，责任心更高的人更容易得到别人的信任。

第三种是外向性。这一点就是我们通常意义上所说的一个人是内向一些还是外向一些，外向的人健谈，喜欢热闹；内向的人不擅言谈，喜欢独处。

第四种是合作性。合作的背后是善解人意。有的人很善于理解别人，善于达成共识，能够进行有效的合作；有的人则不能很好地理解他人，甚至对合作有抵触心理。

第五种是情绪稳定性。有的人缺乏安全感，总是活在焦虑当中，无法承受压力；而有的人则不管外界环境如何，总能保持自己的情绪稳定。歇斯底里和镇定自若正是人们在情绪稳定性上的两种典型表现。

因为五种个性的英文首字母恰巧可以组合成海洋（ocean）这个单词，开放性对应 open，责任心对应 conscience，外向性对应 extro，合作性对应

agree，情绪稳定性对应 neuro，所以，这个工具又被叫作"人格的海洋"。"大五人格"的内容比较丰富，从某种程度上也配得上"人格的海洋"这个称号。

实际上，正是因为存在着形形色色的人物性格，每个人的人生才能绽放出不同的风采，才有了五彩斑斓的大千世界。

根据环境需要来"正己"

公司中做人力资源工作的人关注个性，往往是要看一个人的个性是否符合公司的工作需要，用组织行为学的专业术语讲，叫作人与工作匹配。比如，究竟是外向性的人好还是内向性的人好，虽然不能绝对地下定论，但是如果针对某项具体工作来说，就存在什么样的个性会更适合某种工作的问题。

事实上，如果我们把这五种个性作为一个标尺，就可以去度量形形色色的人了，包括我们自己在内。但是要切记，正人先正己。我们并不是要在生活中对别人"评头论足"，而是要知道在今天的环境和自己的工作当中，需要什么样的人格特质，然后自己去改变自己，让自己和环境以及工作匹配起来。在现实生活当中，真正能够做到将自己和环境及工作匹配起来的人并不是多数，做不到的原因，不是因为能力不足，更多是因为没有这种个性意识。

对于五种个性，结合现实情境，组织行为学可以给予我们三条规律性的认知。

第一条规律是：在动态环境和挑战性的环境当中，我们需要有开放性和合作性。

人的开放性与环境的动态性匹配。在环境变化越来越快的时候，不论是组织还是个人，都必须表现出高度的开放性，让自己适应环境的变革。开放性对于人和组织来说意味着两点：一是要放弃过去的经验。说"成功是失败之母"可能并没有错，在环境发生巨变的时候，谁停留在对于过去的欣赏当中，谁就可能率先被淘汰。二是组织在进行变革的时候需要具有开放性的员工。如果人们固守旧的观念，将会和组织一起被淘汰。因此，今天组织在选人和育人的时候，开放性必须成为重要的考量。

人的合作性与环境的挑战性匹配。今天我们比较大的一个误区在于，过于相信一个人的强大力量，认为这是一个崇尚英雄的时代。可是，我们面临的挑战和机会可能也比以往都大。个体再强大，都需要合作精神，这不是一个矛盾体，而是对立统一体，在巨大的挑战之下，时代呼唤的是富有合作精神的英雄。

开放性和合作性是从宏观环境的角度来看，从微观的个人绩效来看，会有关于情绪稳定性和责任心的两条规律。

第二条规律是：当工作压力非常大的时候，情绪稳定性更高的人会有更高的工作绩效。

对于这一点，我们今天必须接受这样的现实：很多人都是在高压之下工作。坦白地说，我们不应该去争论压力到底是对还是错。

不妨来对比一下美国企业和中国企业的发展。美国现代企业已经发展了约100年，中国现代企业的发展只有大约40年，可是双方今天站在同一个舞台上竞争。在全球化和互联网时代，中国企业不会因为还年轻就受到特别的照顾。再往前推30年，道理就更明白了。美国企业已经身经百战，中国企业还是个孩子，但是我们依然要接受这样的挑战，在这种现实之下，没有对错，中国企业唯有付出更多。具体到每个工作人员身上，也唯有付出更多的努力，才有可能成功。

清楚了这样的逻辑之后，或许能够让自己的不安情绪平定下来。因为情绪本身是会严重影响工作绩效的。要获得绩效，唯有面对现实，把心安住。

第三条规律是，对于任何一份正式工作来说，是否拥有责任心是区分人们工作绩效高低最重要的因素。

想必这个结论并不让人意外，对于一般的学习者来说，如果了解了很多学术研究工作之后，可能会觉得这些研究工作有些"无趣"，因为做来做去就得出了一个非常常识性的道理。

可是，很多人并不知道，做学问的人通过做大量的调查和研究得出的规律，并不只是单纯想告诉人们结论本身是什么，而是希望通过过程让结论更可靠，让人们对本来可能就知道的结论更加重视和确信，而一个人唯有对某种观点重视和确信，才会去真正行动。

以这五个系统的个性工具为基础，我们还可以再来看几个概念，它们同样可以对人事安排和个人成长有所启发。

控制点：命运掌握在自己手里

控制点在心理学中也叫作心理控制源，是指我们内心认为我们自己可以控制自己行为和命运的程度。

有的人总是相信命运，不认为自己可以掌控自己的命运，不认为自己可以控制住自己的行为，所以对于各种结果和行为，总是从外部环境来找原因，这种人就是外控型的人，因为一切都是由外部控制的。相对应地，内控型的人能够很好地控制自己的行为，认为命运掌握在自己的手中，相信自己可以通过努力来改变命运，从对事情成败的归因上来看，更多会从内部归因。

就结论来说，我们会发现很有意思的一点：对于内控型的人来说，组织是比较省心的。这样的人通常会比较自律，能做好自己的工作，对于一些不好的工作行为，自己能够控制住自己，而不是依靠外力强加来控制。所以，相比较而言，内控型的人对于外界环境的依赖性会更小一些，自己的主观能动性会更强一些。

当然，还有一种人更有意思，他们是混合型的。事情做不好的时候怨自己，责备自己，从自己身上找原因；而事情做好的时候也不绝对地归功于自己，而是不忘记外部因素的帮助，比如政策和伙伴的帮助，通俗一点说，就是拥有感恩之心。很多成功者都是拥有这种混合型的特质，整体来说是内控型的人，但同时，对于外部环境又拥有一份感恩之心。把环境当作机会和感恩的对象，要比把环境当作借口妥当得多。感恩环境又不依赖环境，相信自己而又不过度自负，应该就是恰当的平衡体了。

马基雅维利主义：劳动手段不分贵贱

马基雅维利主义这个词是来自政治学的一个权术用语。马基雅维利是几百年前著有《君主论》的政治学家，组织行为学中把具备这本书中所论述的权术特点的人看作一类人，把这类人的个性称作马基雅维利主义。马基雅维利主义主张可以为了达到目标而不择手段。

"为了达到目标而不择手段"，将这顶帽子往这个人格特质上一放，恐怕很容易带上负面色彩，尤其是按照我们东方的传统道德观来看。可是，如果我们从负面的角度来看任何一个概念的话，都很难学到真的知识。当然，君子爱财，取之有道。知道这一点之后，重点是看这种个性的积极意义。

马基雅维利主义恰恰体现了目标本身的重要性，而这是组织行为学最宝贵的成功要素。事实上，很多时候，我们的问题不在于"不择手段"，而是根本就没有为了目标而全力以赴，没有为了目标而寻找一切可能的办法和资源，或许这才是真正的"罪名"。

我们应该对这种个性有另外一种解读：不是仅仅看表面上的"为了达到目标而不择手段"，而是反过来看，即便我们的手段表现得再"高雅"，当目标不能实现时，恐怕也只是徒劳，这的确是组织行为学的思维。

坚持目标导向，在合法性的前提下，实现目标的方式和手段没有高低贵贱之分。就像是我们人类社会的工种没有高低贵贱之分一样，无论是企业家还是公司职员，无论是从事研究的人还是从事环境卫生工作的人，都是为了更好地服务社会。我们绝不能用"高低雅俗"的眼光去审视或批判任何一个工种，否则就会影响社会的功能。因此，手段的本质是劳动，而劳动的意义是实现目标，是呈现出手段的价值和功能。只要是合法劳动，就不存在高低贵贱之分；只要劳动能够创造成效，就应该被提倡，就是光荣的。

自我监控：学习变色龙

自我监控和马基雅维利主义一样，也常常被戴上了有色眼镜看待。自我监控，很形象的比喻，就是变色龙这种物种的特质。可是我们有时候却把变色龙看成是趋炎附势的小人。同样的道理，回到组织行为学当中，我们就不能用负面的眼光来放大这个概念了，而应该去积极地学习。

谈到动物和人的关系，华为的确是个积极的榜样。很多人会把狗当作宠物，但比较少有人这样看待狼。甚至我们还有狼狈为奸之类的说法。可是华为发现了狼性的阳光面，敏锐、坚强、善于合作，并且通过对狼性的尊重，把这种积极的个性镶嵌在华为人身上。

同样的道理，只要我们善于看到其中的阳光面，为什么不可以学习变色龙呢？变色龙的形象在于体现了自我监控的根本特质，也就是我们自我调整而适应环境的程度，仅此而已。如果这样来看，这种个性恰恰是组织和个人生存的基本方法论。同样应该是从更好的生存角度去看，而不是从高低雅俗的角度去批判。

自我效能：宝剑锋从磨砺出

自我效能指的是一个人相信自己可以获得成功或者胜任工作的程度。毫无疑问，这当然是一个非常积极的概念。

有的人自我效能非常高，做事情信心爆棚；而有的人则信心不足，事情还没做，已经开始打退堂鼓了。可是我们很多时候忘了，这种个性其实是一种感觉，所以，准确地说，应该叫作自我效能感。而但凡是感觉的东西，必须要去触碰才能感觉到。

自我效能感是一种积极的概念，这种感觉其实是来自不断地尝试。"越战越勇"这个词就是这个意思，"宝剑锋从磨砺出，梅花香自苦寒来"，一个成熟而强大的内心是在战斗中不断历练和成长的。如果不去尝试或者主动认输，这种感觉和心态没有任何人可以给我们。所以，自我效能靠的是不断的自我激发，如果我们对比现在的马云和20多年前作为销售员推销中国黄页的马云，一定会感受到，自我效能不是天生就有的，应该是用自己多年的经历激活的。因此，自我效能的真正来源是自我赋能。

情绪智力：认识自己

情绪智力也就是我们常常说的情商。情商是相对智商来说的。两者之于个体的基本规律在于，对个体的成功来说，智力因素只是冰山一角，真正暗藏其中的巨大因素实际上是一个人的情商。事实上，人和人的智商相差不了多少，即便有差别，也并不会起到决定性的作用，因为更大的决定因素在于情商。

组织行为学常常去测量概念，如果可以用一把尺子来测量情绪智力，那么就会看到自己的不足和前进的方向。简化起来，测量一个人的情绪智力，可以通过考察以下5个方面：

· 能不能意识到自己的情绪变化并让自己走出低落的情绪？

· 对于工作是否有清晰的计划并能付出行动？

· 能否鼓励自己对目标持之以恒？

· 是否懂得倾听和理解他人的需要？

· 是否能够和不同的人找到共同语言？

这5个问题正是代表了情商的五个方面：自我认知、自我管理、自我激励、同理心及社交能力。如果按照每个问题10分来给自己打分，实事求是地讲，5个问题的得分可以达到多少呢？一般来说，40分以上的算情商比较高，20分以下偏低，中间代表了一般水平。对于这种测试，重要的是知道自己的不足和需要改进的地方。

总之，情绪智力的本质是一种自我管理以及能够和其他人产生共鸣的能力，我们可以用情绪智力的5个方面作为方向，来培养自己的情商。当然，情商这个词来自西方，换一个东方色彩的表达或许能够更加简单明确地传达出情商的本质。对于情商来说，很重要的一部分其实是"自知之明"。

这个词同样值得我们积极地去思考，要认识和改造世界，首先得清楚地认知自己，我们真的了解自己吗？提升情商，就从审视自己做起吧。

经营个性大有作为

在讲授组织行为学课程比较长的一段时间里，我并不太敢在个性的部分大做文章，生怕会让人感觉"不适"。

一方面，担心有一部分学习者恰恰具有某种不容易产生绩效的个性。另一方面，更重要的是，组织行为学和心理学都承认，个性有先天成分，这是比较可怕的，如果我们向往优秀的个性，自己却无力主动去调整，那学习的意义又在哪里呢？

为此，作为研究者，我特地去学习了遗传学的内容，直到看到一个概念，才有了启发，让自己拥有了更大的信心。

人类行为的遗传学里面有一个概念叫作遗传力，探讨的正是遗传对于个性到底有多大的影响力。虽然在数字上没有明确定论，但可以给我们清晰的方向和启迪。事实上，遗传力的遗传指数是可以从 0 到 1 之间变化的。也就是说，这个估计值可以无限接近于 0，这时遗传因素的作用微乎其微；也可以无限接近于 1，这时遗传几乎发挥了决定性的作用。

从 0 到 1 的遗传系数的不同，是人和人的差别所在，当中的活性因素正是一个人后天的改变。只要愿意去改变，努力去寻找新的环境来学习和适应，就可以不断去减少遗传因素的作用比例。自己努力和改变得越多，这种遗传因素的影响就会下降得越多，随着自己后天的不懈努力，最终可以把遗传的影响最小化到接近于 0，这个时候任何基因的"魔咒"都会被打破。这不是心灵鸡汤，这是科学的事实。个人后天的努力和改变越少，先天基因影响的比例就越大。所以，先天因素到底有多大的影响力，从数据的角度来看，的确是由自己来改变的。

在打破了这个魔咒之后，个性毫无疑问会成为组织行为学的重点和亮点。因为只要我们肯去努力，就可以降低基因的影响。我们不能改变基因存在，但是基因作用的大小却是由我们自己决定的。不论我们天生是否拥有某一种个性，自己总可以向这一方面靠近。所以，在个性上，我们不会无能为力，而应大有作为。

此外，遗传力的启发远不止于此。想想看，一个人从华为走出来就会带上华为的基因，是否就意味着不可以继续改变了呢？一个人在一个并不是那么出色的学校或企业里学习或者工作，这样的"基因"是否就决定了一个人不能够表现出色呢？当我们进入一个"新东家"的时候，"老东家"的基因又该如何去改变，令其发挥作用呢？同样地，遗传系数到底是0还是1，答案不是取决于我们的父母，也不是取决于我们所在的环境，而是取决于我们自己。如果基因对我们不利，就通过自己的努力和改变去降低这种影响；如果有利，就算先天条件再好，同样还是需要借助我们的努力来延续和发挥出先天的优势。这样来看，人和人最根本的区别，就在于是否努力了吧。

进化生成新物种

再简单一些，我们来想想一个很简单的问题：天才的天，到底是哪个天？是先天还是后天呢？最著名的答案莫过于达尔文的进化论了。

达尔文算得上是实验法和对比方法的鼻祖了，他做了最自然的实验，自然界就是他的实验室。将相同的鸟放在不同的岛上，这些鸟要么死掉，要么活下来，而活下来的鸟又变得各不相同，不再是原来的样子。

这当中蕴含了两个本质规律。一是适者生存。不改变的鸟，不能适应环境的物种都没能活下来。二是物种随环境的进化。同样的鸟最后却变得不同，因为它们要跟不同的环境去匹配，所以自己发生了变化。有的岛屿上昆虫多，鸟为了吃到食物，让自己活下来，就必须不断努力，飞得更快一些；有的岛屿上面坚果多一些，同样，为了活下来，鸟就得努力让自己的喙变得锋利。最后这些活下来的鸟也就有了不同的样子，有的鸟喙锋利，有的飞行速度很快，进而进化成了不同的物种。这就是物种的起源。

因此，达尔文告诉了我们一个振奋人心的结论，叫作进化论。人和人的不同，来自各自的努力进化，天才是后天努力形成的。

达尔文的进化论可谓如雷贯耳，即便是一般大众也多耳熟能详，可是比较少的人知道他还有个弟弟，更不知道这个弟弟有着和达尔文截然不同的观点。

有意思的是，在1859年《物种起源》一书出版了10年之后，达尔文的弟弟高尔顿出版了《遗传的天才》，核心观点就是天才是遗传的，是先天决定的。这个观点起源于他对哥哥的兴趣，为什么达尔文会取得如此出色的成绩？可他的思考方式完全和达尔文相反，最后得出的结论是因为他们这个家族都非常聪明，高人一等，所以会取得非凡的成就。

两个人的结论大相径庭，达尔文是进化论，高尔顿则是不折不扣的遗传论。恐怕弟弟忘记了哥哥的成功是因为多年环游世界的观察，才有了更能服众的结论。所以，今天我们来看看两个结论的影响力，《物种起源》是影响世界的观点，相比之下，主张遗传论的《遗传的天才》则小众很多。

造成这样的结果还有一个特别的原因。达尔文的观点更代表了"草根"的精神，所以影响巨大。而高尔顿则代表了一种"贵族"精神，他所主张的天生高人一等的优越感本身就已经决定了这个理论很难影响世界。

不过，高尔顿有一个观点值得借鉴，在其"自命清高"的贵族理论当中，人们的聪明才智呈正态分布。也就是说，绝大多数人的天生聪明程度其实是差不多的。借助这个观点，我们反而更加坚信了进化论的观点。达尔文讲的是物种，代表的是绝大多数人的特征。所以，在天生聪明程度差不多的情况下，天才只有依靠后天的努力。

如果把现代组织的环境特点融合进来，恐怕需要我们注意的就不仅仅是进化论了。进化论的另外一面其实是退化论，当环境变化越来越快时，其中的人不进则退。所以，进化论也好，退化论也好，为了自我警醒，不妨称之为"进退论"。让自己保持进步而不是退步的唯一方法，就是跟随环境的变化不断塑造自己，让自己活下来，并因此而变得与众不同。这正是个性的组织行为学本质，我们不是为了追求个性而追求个性，个性的生成是因为要追求进步而让自己做出变化。这不正是进化论的主张吗？

第十七章 | 认知：修炼理性 |

谈到我们的行为，除了个性的影响之外，就要谈认知了。认知是组织行为学谈论态度和价值观的核心词汇。认知是人的价值观念，而同时，认知实质上是态度的主要成分之一。组织行为学的学术研究正是开始于态度对于一个人绩效的影响。起初的结论比较概括，即整体上的积极态度会产生更好的表现。随着越来越多研究的深入开展，对于态度这个词有了更为全面的解读，可以看到态度包含的具体成分，也可以看到一些更为具体的态度概念。

三位一体：热爱、认知和行动

先来看看认知的意义，认知会影响一个人的行为，同时，认知会受到个人喜好的影响。这就是态度的三个成分：个人喜好、认知及行动。

所以，组织行为学对于态度的界定不仅仅是日常生活中所说的态度。态度是一种个人喜好和认知，但是，我们在看一个人是否表态时，其实看的并不是表态本身，而是看他是否做出了行动。因此，行动是对态度应该有的认知，也是组织行为学一贯的思维方式。

当然，毫无疑问，认知是其中的核心环节。不过特别需要提醒的是，我们的认知是会受到个人喜好的影响的。这意味着，如果我们想增加或者加深对于事物的认知，前提是对于事物的接受和喜欢。如果是排斥的心态，从一开始认知的大门其实就已经封闭了。最简单的一个常识是，那些学习好的人往往首先是热爱学习的。无论是工作还是生活，类似的道理无处不在。

很多人去争论到底是"爱一行，干一行"还是"干一行，爱一行"，但是无论如何，我们需要达成一个共识：要让自己爱上自己的工作，只有这样，才有基础让自己形成有效的认知和行动。如果不爱自己的工作，就很难做出成就。认识世界的前提是拥抱世界，认识变化的前提也是拥抱变化。所以，合理的认知本身就应该是一个积极的态度，或者更确切地说，认知是一种积极的态度和行为，这样来理解认知时，态度的三个成分就合为一体了。

回到组织行为学上来给认知一个系统的解释的话，那就是"积极属性 × 知行合一"，即"认知 = 积极 × 认知 × 行动"，等号后面的认知是狭义的认知。如果没有积极的态度和行动，这种狭义的认知就是无效的。三者之间是乘数效应，在三个要素当中，不管其余的要素多高，只要其中一个为零，结果都只能是零，三者缺一不可，才是有效的认知。

人天生是一张白纸，要在纸上写出对的内容

相比个性来说，组织行为学的确是更敢于去谈人的认知，因为我们的价值观念是后天形成的，不用在乎那么多遗传学的问题。

一个人刚生下来并没有任何的喜好和偏见，生在美国可能更喜欢吃汉堡包，生在中国可能更喜欢吃水饺；在北方长大可能更喜欢吃面食，在南方长大可能更喜欢吃米饭。美国人生在中国，在中国长大就会更像中国人，具备

中国文化的观念。同样，中国人在美国生长就会更像美国人。这就是认知的后天形成。所谓近朱者赤，近墨者黑，完全是个人在和环境的互动中形成的。

认知可以看作是我们对于世界万物的认识，所以才有世界观之说。如果带有基因成分的个性都可以改变的话，认知就更加可以改变了。也因此，我们需要对认知本身有所认识，要知道什么样的认知和行为是合理的，才能有改变的方向。这样来看，在认知上，人天生是一张白纸，重要的是，我们要在纸上写出对的内容。

在认识世界的过程中，不得不说，我们的确会犯一些认知上的错误，或者说是一些影响我们得出正确认知的习惯。所谓粗心大意、不细心、不善解人意，往往是因为我们还没有意识到这些问题，从而出现了认知的偏差。当然，认知偏差有很多，事实上，了解了几个有代表性的概念之后就会找到其中的规律，从而可以举一反三，把规律用于自己的生活和工作当中。

有意识地训练自己纠正这些认知偏差，也是为了让自己变得更加理性，而不是盲目判断和做错事。

四个典型的认知偏差

第一个认知偏差是刻板印象。对于这个认知偏差，不少人可能也听说过，花木兰就是一个典型的例子，因为在很多人看来，女子常常是柔弱的，可是花木兰就是一个特例，打破了人们对于女子的刻板印象。对于刻板印象，需要知道以下两点。

一是要在做决策时尽可能避免刻板印象。把刻板印象当作是一种认知偏差，原因正是在于刻板印象没有给我们带来真实的认知。

二是要知道刻板印象是如何形成的。刻板印象的形成根源来自于人类思维加工的一种习惯，叫作类别思维。我们习惯把相似的事物归为一类，这样会提高我们的认知和决策效率。可是我们有时候又会忘了，事物有共性也有个性。花木兰有女性的共性，同时也拥有很多女性不具备的个性，或者说是男性的一些优秀品质。

如果意识到这一点，也会知道为什么今天在企业家群体和职场当中有越来越多的花木兰出现。在今天这样一个不断彰显个性的新时代，按照传统的刻板印象做出决策，恐怕会错失很多的机会和人才。所以，要打破常规，具体问题具体分析。

第二个认知偏差是自利性偏差。通俗地说，也就是以自我为中心。当然，自利并没有什么不对，但是只看重自己的利益恐怕就会产生一些不太客观的认知。比如，某件事情别人做得比自己好，那就是别人运气好；而自己做得比别人好，就是因为自己的实力比别人强。

事实上，在认知上过度以自我为中心，过于有意识地把所有的好处都偏向自己，反而不利于自己。比如，如果认为别人比自己成功靠的是运气，这种认知除了为自己做得不够好找到一种借口之外，又能让自己收获什么呢？

在归因上，不论对于谁，根本原因是要做内因分析，就像是内控型个性那样。需要注意的是，我们要对自己负责，但并不等于自私自利，不等于不懂得欣赏和尊重他人。所以，不要对自己太偏心，要客观地审视自己。

第三个认知偏差是选择性认知。这恐怕是任何人都可能会有的认知局限，因为我们不可能无所不知、无所不晓。但问题是，我们的认知一定不能过于狭隘，不能只从单一的或者非常狭隘的视角来看世界。

苏格拉底曾经做过一个比喻，如果我们把自己的脖子铐住不动的话，看到的世界就非常有限，只有让脖子动起来，才能看到更宽广的世界。看看盲人摸象的故事就会知道，选择性认知会造成偏差，摸到大腿的说是柱子，摸到身子的说是一堵墙，摸到尾巴的说是绳子，摸到鼻子的说是蟒蛇，可是谁都没有说对真正的答案。

选择性认知要求我们跳出个人的思维局限，不做井底之蛙。要用"第三只眼"看外面的世界，要用系统的眼光多角度和全方位地看问题。选择性认知恰好对应了刻板印象。事实上，对于正确认知的形成，这两者需要同时意识到，既要有整体思维，又要能具体问题具体分析才可以。

第四个认知偏差是晕轮效应，也称作光环效应。这个概念说的是我们常有的一种习惯，在认识事物的时候，会无限制放大事物的某种特点，并用这个特点对事物的整体做出判断。

举一个很通俗的例子，一个明星平时形象都不错，但是突然个人作风出现问题，这个时候这一点缺陷可能会被无限放大，结果是这个人的整体形象被否定。所以，晕轮效应的本质是以偏概全。这是很多人的一种习惯，你做了很多好事，但是有个地方没有做到位，就很可能会影响他人对你整体的评判。

这一点给我们自己的启示在于，除了我们自己应尽量避免以偏概全之外，还应该着力打造出自己的亮点来。很多人觉得自己这里不够好，那里不够好，但是只要把一点做得足够漂亮，这些所谓的不足就有可能被别人屏蔽掉，怕的是没有自己的亮点。

所以，现实当中，我们不需要太在意别人对于自己的缺点的评价，更不要去过度在意自己的不足，尤其是自己无法改变的不足，而是要集中所有力量打造出一个亮点来，当这个亮点足够亮时，释放的光芒就会成为代表你的全部。说句开"玩笑"的话，当你的亮点所散发出的一轮轮光圈会把别人迷惑住，别人就中了你的晕轮效应了。

换个角度，对于别人，我们也应当去肯定别人的优点，而不是去抓别人的小辫子，更不要做一个总是挑别人毛病的人。做组织管理工作时一定要"用人所长"，才有更大的意义。这样我们才真正学会了从积极的一面来利用这个认知偏差。

用新的认知开辟新的成长空间

从以上认知偏差来看，我们必须接受一个现实：人的认知是有局限性的，这是因为认知具有主观性。可是不论如何，我们都必须警惕自身认知的局限，否则，认知就会限制我们的成长。借用德鲁克的观点，个体的成长是跳不出自己的认知空间的。不论是一个人还是一个企业，究竟可以成长到什么程度，取决于认知本身提供了多大的空间。

一位企业家曾经困惑于企业的成长遇到瓶颈，他的企业已经是行业排名第一了，可仍旧规模不够大。显而易见，这是因为这个行业本身的容量不够大。可是再深究原因，其实是这位企业家太爱自己所在的行业了，导致其看不到其他行业的更大机会。企业的第一台产品是他自己所做的，所以他对这个产业尤为钟爱，也把企业定位为生产这个产品的专家。可是当把企业定位为某一种产品的专家时，即便成为这个产品所在行业的龙头，当行业增长空间和容量本身有限时，又如何满足进一步发展的欲望呢？分析到这里可以看出，真正限制企业和企业家成长的，正是自己的认知。眼里只有自己的产品，而忽略了对于更多顾客变化和机会的关注，正是典型的认知偏差。

找到了根源，企业家开始学习和改变。不妨看看像美的集团这样的企业为什么可以成长到这么大的规模。美的倡导的价值观是"让生活可以更美的"，只要可以让人们的生活更加美好，就可以做。在这种认知的基础上，美的才可以看到各种家电的市场机会。如果美的只把自己定位于某个产品的专家，恐怕难有今天的体量。同样的道理，我们也就知道为什么阿里巴巴有广阔的成长空间，因为它的定位是"让天下没有难做的生意"。

对于经营企业的认知来说，跳出自己的主观偏好和视野局限，站在顾客的角度来重新定义自己，就会有更广阔的认知和成长空间。当这家企业不再把自己仅仅看作是某种家电产品的专家，而是让自己努力去做一项让人们家庭更温暖的事业的时候，这种认知的调整为企业带来了直接的增长。5年后，这家企业有了3倍的销售规模增长；再对比5年前这家企业用15年成长才达到的规模，产生了9倍的效率提升。

由此，我们需要意识到自己认知的局限，并做出改善。我们不要过于爱自己，身陷自己的世界不能自拔，这样就看不到外面的世界了。我们也不要过于纠结于自己的"不足"，总是因为自己的某方面不足就很不自信地把自己定位为一只"丑小鸭"，事实上，只要我们敢于去开拓认知，就会发现过去的认知可能是不对的，而新的认知会为自己带来新的世界，说"境由心造"，也不无道理。

所以，自己和身边的人应该适当地多出去走走，看看外面的世界，同时，也应当坚持阅读，因为阅读可以给人们打开一扇窗户，帮助人们看到外面的世界。

剔除个人情绪，理性完成工作

认识各种各样的认知偏差，无非是让自己变得更加理性，做出更为合理的判断。只顾个人喜好和个人利益，其实是一种非常情绪化的不理性做法。要形成恰当的认知，要求我们回归理性，并且做出细致的判断。所以，当中最重要的规律就是：做决策一定要避开个人的情绪化。

再回到态度的三个构成——喜好、认知及行为，就会知道，行为会受到感性因素和理性因素的影响，但是其中一定不能没有理性因素，否则行为很可能因为个人的情绪化而失控，从而产生行为上的偏差。

理性地讲，对于组织的正式工作而言，喜好是为认知和行为服务的。这意味着，为了要达成合理的认知和行为，甚至要牺牲个人偏好。工作当中一定不是你喜欢和谁打交道就和谁打交道，讨厌谁就不和谁打交道，而是要剔除个人情绪，学会和不同的人共事，完成任务。

当然，在生活中我们可以更在意个人喜好，甚至可以无知和任性一些，因为生活的评价标准并不是绩效，生活也不用合理性去评价。但是，在做组织决策和执行工作时必须讲求绩效，因此，必须有理性的恰当决策。这个时候只有保持理性，才能有恰当的认知和行为。

世界级企业背后的员工付出

很多人一定会问，组织当中合理的认知和行动到底是什么？这个部分的概念有很多，各挑一个代表性的概念的话，可以选择组织承诺和员工敬业度这两个概念，这两者分别反映了员工的职业心态和行为。

员工敬业度代表了一种努力工作的状态，如果一个人有百分之百的电量，在工作时，可以投入多少呢？

员工敬业度的概念起源于盖洛普咨询公司对于世界级企业的关注。通过分析很多世界级企业和一般企业的业绩差别的原因，它发现最重要的不同在于，世界级企业的员工付出更多，进而有了员工敬业度的概念。

看了这个研究就会明白，中国企业看似很快就成长为世界级企业，可是实际的付出并不比任何美国百年企业少。因为要成为世界级企业，员工必须有更高的投入度。看看深夜时分我们的写字楼和工厂亮着的灯，你就会知道优秀企业背后员工们的大量付出。也正因如此，企业才更应该尊重员工。

员工敬业度是员工表现的一个总体概括和代表，其还可以延伸出各种各样的员工行为，比如人们可以在工作当中相互扶持的组织公民行为。总之，作为组织而言，一定是希望每个人都能更努力地工作，只有如此，人和组织才能共同成长为一流的人才和组织。不过，要让人真正付出努力，得让人口服心服才行。

辨别承诺的真伪

员工敬业度是结果，代表认知的组织承诺又与员工的敬业度有关。组织承诺就是员工对于组织的一种工作承诺表态。实际上，这个概念并没有这么简单，而是暗含了一些"假象"。

比如有甲、乙、丙三个人，表面上看每个人都在组织中工作，但是人心不一定都在这里。甲其实一直都想离开公司，可是目前还没有更好的机会，在这个公司工作还能勉强糊口，所以就先待在这里了。乙也想离开公司，和甲不一样，乙早就找好了下家，并且会有很高的收入，可是乙心里有些犹豫，公司在自己最困难的时候帮过自己，想想还是没有走。丙留在公司的原因很简单，就是因为对公司价值观的认同。

这三个人各代表了一种组织承诺。第一种是持续承诺，仅仅是经济利益这根稻草在维系着自己和组织的关系。第二种是规范承诺，是出于人道主义的考虑，让自己暂时不要离开组织。第三种是价值承诺，是基于价值观的认同而对组织做出的承诺。所以，在这三个人里面，只有最后一个人的承诺是真实的承诺，也只有对组织拥有价值承诺的员工才会付出真正的努力。

这样的归类有助于帮助管理者识别到底谁才是真正敬业的员工。一些管理者因此会明白，我的员工都在工作，可为什么就是不出成绩。原因很可能在于，此时的承诺是一种"谎言"。

不过，究其原因，很多时候是组织管理不到位。毫无疑问，价值承诺是最重要的，需要得到提倡，但是，如果只是一味地去谈价值承诺，就可能让价值承诺转换为虚假承诺。

在组织管理中需要注意，不要让满怀热情的年轻人对组织失去希望。对于组织管理来说，重要的是做好价值分享和组织支持的工作。当用价值观驱动员工做出好的表现之后，一定要对好的行为给予物质强化和支持，并且一定要确保公平，多劳多得，不能让"雷锋"吃亏。否则，价值承诺本身也可能难以持续。

所以，我们否定的是持续承诺，但却没有否定财务手段。如果换一个角度来重新定义持续承诺，变成要让认同组织价值观的人才可以持续留下来，那这个概念就是对的。要让这样的人不被别的组织用物质条件"挖走"，要对症下药的话，恐怕还得动用财务手段。

用物质关心换取基层认同

在价值承诺这个概念上，有人把其称作情感承诺，让公司和员工来谈感情，这样的表达是值得商榷的。

情感承诺的表达忽略了一个现实：组织是一个理性的正式机构。试想，当一个员工老去，不能继续为组织做出重要贡献时，我们是否应该因为情面和感情深厚而继续把他放在重要岗位上呢？答案显然是否定的，因为组织是理性的。反过来，人来组织工作也不是来谈感情的。因此，价值观的交流极为重要，但同时，经济手段也必须成为必要条件。更准确地讲，不是要谈组织承诺，而是要使个人和组织做到相互表态，这样价值承诺才能稳固。

组织想让个体做出承诺，就要关心个体幸不幸福，尽管幸福有各种原因，但是经济学和管理学都从来不否定物质条件对于幸福的必要贡献，尤其是对于基层工作人员，更需要用物质条件来增加他们的安全感，而组织行为学的铁律就是，当人不幸福时，就无法安心工作。

海底捞常被很多人点赞，是因为服务很好。但要知道，服务很好的背后是员工的承诺，而员工承诺的背后，是组织给予员工的支持。公司甚至会考虑到员工老家的父母和孩子，建立子弟学校和直接给父母发放奖励，这就是组织的表态。

对于企业而言，服务顾客的价值观很重要，但是，不能忘记，公司对于职工的经济激励要成为价值观在组织和个人之间传递的载体。价值观的认同，离不开物质条件的保证。

学会逆来顺受

现实中总有一些不尽如人意的时候，结果和自己的预期有一定的差距。自己想的是这样，可是现实却完全和自己想象的不一样。组织行为学把这种状态叫作认知失调，是一种矛盾的心理状态。比如，当吃饭时看到身边有人在吸烟很反感，但自己势单力薄，不敢过去说，这个时候心里就很不舒服。

工作当中也是一样，有些大学生初入职场，就被"浇冷水"，现实情况和自己原先的认知差别太大：企业不是以人为本吗，怎么会这样？组织不是应该对员工做出各种各样的承诺吗？一个企业的领导者风格和管理方式不应该是这个样子的吗，怎么我看到的这个企业跟书本上看到的企业不太一样？各种低于心理预期的现象让他们很是郁闷。可是有一点我们必须清楚，一个人郁闷的话，工作就会受到影响。所以，不论如何都要让自己调整过来。

事实上，当我们的认知和外界的现实发生冲突时，要恢复平衡，无非有两种解决方案，要么接受现实，改变自己，要么坚持自己，改变现实。而第二种条件往往是以第一种方案为前提的。

作为运动员，乔丹曾经非常看不惯老板对于球员的"压榨"，认为分成比例不合理，可是他终究让自己适应了这个体系，先成为超级巨星，再成为球队老板。不过当他成为老板时，似乎又接受这种现象了。所以，"逆来顺受"不是个贬义词。实在不行，就用阿Q精神安慰一下自己。不论如何，只有让自己平静下来，才能安心做好工作。否则，会有更大的不平衡，因为时间和努力已经付出，却因为内心的焦躁而失去了成效。

如果我们学习了组织行为学，学会用恰当的理论基础来武装自己，让自己知道合理的认知是什么，就会减少认知失调的出现。比如，用理性认知重新定义"以人为本"。"以人为本"的"人"，其实并不是指所有的人，而是那些可以努力不懈地为目标工作并获得绩效的人。就像是华为所说的"以奋斗者为本"，当持有这样的认知时，就不会有心理上的落差和不平衡了。相反，还会有更大的工作动力，这就是理性认知之于行动的力量。

同样，如果我们懂得组织行为学的情境性特征，就会知道，一个企业的管理方式取决于自身的情况，那么就让自己试着去逐渐认识和理解企业的环境和境遇，渐渐懂得企业为什么这样做，这样反而可以让自己收获更多。更重要的是，这样可以让自己以比较平和的心态去工作，进而做出成绩。

|第十八章| 激励：勇往直前|

要让自己变得与众不同，需要自己付出努力。当我们可以在工作中不懈努力时，我们就成了敬业的员工。努力听起来很抽象，到底什么是努力？怎样让自己和他人努力做事情？这就是激励理论探讨的问题。

干劲来源于需要的满足

组织行为学中所谈的激励，实际上是在讲有效的努力。这种有效的努力有以下三个标准。

一是方向性，是用来判断我们努力的方向是否正确。所以，目标这个词一定要放在努力前面。二是努力的强度，也就是为了实现目标，自己付出了多少。三是持续性，有效的努力不是一时兴起，不是三分钟的热度，必须具备持续性。当我们的努力满足这三个标准时，就是有效的努力了。付出就会有回报，这句话不一定能够应验，关键还要看我们努力的方向及是否真的在持续地付出。所以，以后再去看自己和他人是否努力时，不要忘了用有效性去衡量，具体用这三个标准就可以了。

也因此，在管理实践中谈激励，必须有个前提，即个人目标要和组织目标相融合。当然，双方一定是各有各的立场，但应该是对立统一的关系。

否则双方的努力就不会形成合力，反而会相互抵消，即便再努力、再持续，有效性也会大打折扣。

为此，组织需要明确人的需要是什么，才能清楚地把人的需要和组织目标对接起来。在这个基础上，组织就可以告诉员工，可以帮助员工来实现哪些方面的需要，同时，为了能够实现这些需要，员工应该相应地完成什么样的目标。这样，组织和员工的关系就变得对立统一了。

组织对人的需要理解得越准确、越透彻，就越有助于个人和组织的相互融合。只有如此，才会激励员工更愿意为工作而付出。无论是作为管理者还是作为员工，我们对于工作这个词，一定要有非常清晰的认识。工作的意义在于可以满足双方的需要，组织需要人的工作来实现组织目标；同时，工作也必须成为满足人们需要的途径，这时人们才会有动力，组织才会获得动力。所以，激励的第一项任务，是理解人的需要。

基层需要安全感，高层需要使命感

对于人的需要，有两种理解方式：一种是层级的理解方法，一种是平行的理解方法。层级的方法论可以作为学习需要理论的基础。

层级的意思是说，一个人的需要是不断提升的。最有代表性的是马斯洛的五个需求层次理论，从基本的生理需要和安全需要，到中等层次的社会交往和被尊重的需要，再到更高级的自我实现的需要。这五个层次后来又被简化为三个层次的需要，分别是生存需要、关系需要和成长需要。如果再简化一些就是两个层次：基层的需要是解决温饱和健康问题，是保健因素，任何人都不能没有；人的晋升成长和价值肯定等一些高层次的需要，会让填饱肚子的人更有干劲，这被称作激励因素。这两个因素就是双因素理论的内容。

这些层次的内容本身并不复杂，不过要知道层级理论在现实当中的应用逻辑。实际上，需要的层次往往对应了组织当中的各个层级，尤其是层次的两极。所以需要特别注意，不要与基层员工过多地谈理想。因为基层员工需要的是安全感，他们更需要实实在在的收入。同时，对高层管理者要有更高的要求，公司高层需要有更强的使命感，来驱动自己和组织的成长。换言之，高层管理者不应该太容易自我满足，而是要不断向自己发出挑战。

如果方法用反了，就会发现所有的激励都不见成效。基层员工不会觉得公司所谈的理想是自己努力的方向，因为距离太遥远，这并不是现在他们想要的。而高层管理者又可能沉浸在基层需要当中不能自拔。这就造成了组织激励的混乱。当高层和基层都不能做出努力时，整个组织就没有动力了。

先具有工匠精神，不空谈企业家精神

需要层次理论对应的东方智慧就是"不在其位，不谋其政"。当基层员工不在公司首席执行官（CEO）的位置上时，就没有必要对他们大谈企业家精神，大谈创新创业，否则会让基层员工变得很浮躁，不能安下心来做好自己的事情，因为他们可能更需要的是糊口。

当然，可以说人人都是CEO，但是不能曲解企业家精神的内涵。企业家精神是在工匠精神基础上的创新，是用工匠精神来创造顾客的。企业家首先是工匠，之后才是企业家。所以，从某种意义上讲，年轻时期的马云对于年轻人来说可能有更强的学习意义。

年轻人要努力让自己活得好

多年前，来自美国的世界首富曾动员中国的企业家和他们一样"裸捐"，可是并没有太多响应。原因很简单，这些中国的创业家们还没有达到世界首富的水平，这不是这些人现在该做的事情。想想看：那些世界首富不也是在成了首富之后才进行"裸捐"的吗？

现在社会上流行创业的热潮，我们不反对创业，甚至也提倡创业，可是对于年轻人而言，我们更希望这些人先做创业前的积累，无论是积累个人阅历、知识、人脉还是各种资源。因为创业需要一个有价值的点来撬动合作伙伴和顾客，而这个点往往不是异想天开，拍拍脑袋就能出来的。所以，相比之下，对于年轻人来说，安心做好一份工作会是一种宝贵的历练。

当今的另外一种社会热潮是公益慈善。一些名人高调做慈善，这当然需要被肯定，还有一些企业家和非常富有的明星大谈个人信仰，去谈"放下"，我们姑且不去谈论信仰的好坏与对错，可是一定要清楚，别人谈"放下"的前提是已经得到了很多，或许放下才会让他们安心。如果今天一些年轻人也大谈"放下"，那试问，你曾经拥有过什么呢？

所以，理性的做法是，首先应该努力让自己活下来并活得好。不要冲动和感性用事，反而使自己成为被帮扶的对象。这样说很直接，可是理应如此。忠言逆耳利于行，道理依然是，"不在其位，不谋其政"。

赚钱是对自己生存负责的表现

把人的需要看作是一种层级的递进，当中还隐藏了两个需要直面的启示。一是关于赚钱的问题。其实这个话题并不庸俗，我们也不应该回避。

不论是哪一种层级的划分，这个部分其实都是基层需要的本质。

说这个话题不俗，对人和企业都是如此。因为人和企业都要生存，人需要养家糊口，企业需要利润来养活自己。上市公司需要稳定持续的盈利能力来回报投资人，才能证明自己的价值。任何企业要创新、转型和长远发展，都离不开利润，这就像是空气和水，对于我们的生存一样重要。所以需要坦然面对自己的基本需要并努力去满足这些需要。"你不爱财，财不爱你"，这样的说法也不无道理，刻意去脱俗，刻意让自己回避这个问题，反而会在经营自己的生活或企业时遇到麻烦。

因此，赚钱并不是什么难以启齿的事情，反而是一种有责任心的表现，是一个人和企业对自己生存负责的表现。当然，放在需要层级的框架当中，谈赚钱的基本前提也有两个：合法经营和脚踏实地。一方面，要合法经营，合法做事，这也是对自己和他人的保护；另一方面，必须脚踏实地，而不仅仅是空有理想，要做充满理想而又脚踏实地的人。

有效激励：洞察对方缺什么

二是要看到需要的本质。这一点之所以要直面，是因为人们常常习惯看别人有什么。而事实上，需要的本质是缺乏。

当我们用钱来激励一个人的时候，如果发现不管用，可能有两种原因，要么是钱给得不够多，要么是对方根本不缺钱。当用物质激励方式没有用的时候，就要知道，这可能并不是对方所需要的。

已经满足了的需要就不会再起激励作用了，这一点在进行激励时务必要清楚。激励对方，永远要站在对方缺什么的角度去考虑。否则，再多的投入都可能变成浪费，激励就会"赔本"，或者说是"赔钱"。

避免挫败感，提升成就感

在对层级需要方法论的理解上，最后要清楚，层级有可能会改变。也就是说，会从高级向低级降落。如果一个人一些高层次的需要得不到实现，需要可能就会降下来。我们常常说的"挫败感"就是这个意思，这在实际工作过程中是比较可怕的。

我们看一个人在这个岗位上很老实，不怎么变动，有一种隐藏的可能是这个人已经没有了"上进心"。他想做更有意义的事情，可是做不成，于是就只能安于现状，渐渐地就失去了生活的斗志。现实中这样的情况并不少。

可是人理应不断成长和进步。当人的需要因为"挫败感"不断降低并最终失去斗志时，这是对人的价值的一种多么大的浪费。因此，对于管理者来说，要帮助人从"挫败感"走向"成就感"。

当有些员工想进行新的尝试的时候，管理者可以鼓励他在做好现有工作的基础上去进行尝试，并且要给予必要的支持，帮助他们达成目标，而不是去压制人的上进和求新欲望。新的尝试不一定是一大步，可能仅仅是一小步，但是，实现之后就会给人带来不一样的喜悦。这也意味着，为了避免挫败感，人们要学会制定"小目标"而不是"大跃进"。这样，就会一点一滴逐渐积累起成就感。所以，不论是成就还是成就感，都是积累起来的。

在工作和生活当中切换不同的需要

除了层次理论之外，还有一种对于需要的认识是，对各种需要平行看待。人的各种需要都是同时存在的，这种理论的应用逻辑是做需要组合，即根据实际情况的需要来搭配自己的需要组合。

麦克利兰认为，一个人可能同时会有三种需要，第一种是成就需要，也就是做任何事情都要尽善尽美，保证事情的品质；第二种是权力需要，也就是要影响其他人一起来合作；第三种是归属需要，也就是要有家和朋友。如果我们同时拥有这三种需要，在每一种需要的高低安排上，应该进行怎样的组合呢？

当然，按照组织行为学的情境性特征，并没有绝对的答案，要根据情境做出安排。组织行为学的一般研究结论是，在正式的组织当中工作时，要获得成效，成就需要必不可少，但是权力需要应该会多一些，归属需要应该少一些。而回到家里或者在与朋友相处的时候，权力需要可以放低，归属需要应该提升。所以，不要试图在公司里寻找太多的归属感，这个部分应该来自家人；同时，也不要把权力的欲望带到家庭，这是我们需要在公司里施展的部分。

在这一点上，我们必须给自己的"贪念"泼点冷水。很多人什么都想要，不管任何场景，每种需要都很高，最后可能什么都得不到。

在公司当中要适当牺牲自己的情感需要，在家里要适当牺牲自己的权力欲望，这就是保持工作与家庭平衡的智慧之道。所以，一定不要"贪得无厌"。权力在工作当中是个好东西，但是放在家里，可能会令人厌烦。感性化在家庭当中是个好东西，但是在实际工作当中也不见得好。

平行的需要理论更贴近于我们作为社会人的现实，应用的方法论是要引导自我调整，根据工作和生活场景来提出自己的需要，从而让我们在工作和生活当中都能充满活力。

把名利权情用对地方

如果我们把这两种需要理论结合起来看，用最通俗的话说，它们实际上就是在讲一个人的名利权情。

在层次理论当中，低层次一点的需要偏向于利，高层次一点的需要是偏向于名。所以，上下级的和谐相处之道一定是：不与上争名，不与下争利。不论是上级还是下级，不要总想着自己一个人名利双收。

在平行的需要理论当中，权和情我们很难说哪个高，哪个低，但是具体到不同场合，就有高低之分。所以，工作和生活的和谐相处之道一定是：工作谈权，生活谈情。不论是在工作当中还是在家里，不要总是想着权情双收。懂得了这些道理，名利权情就不仅仅是需要了，这四个字完全可以成为帮助自己和谐处事的有效工具。

不能破坏人们心中的公平正义感

懂得了人的需要之后还不够，想象一下，假如每个人都爱钱，到年底的时候就给每个人都发一大笔钱，这样就能够打动人，让他们在第二年更加努力吗？

答案很可能是否定的。人们总有相互比较的习惯，如果一个人看了看周围，发现那些平时不如自己努力的人竟然也拿到了同样的钱，那么，公司发出的这笔钱反而给努力的人带来反作用力了。无论是发奖金还是提拔人才，都是一样的道理。

所以，要确保有效的激励，就必须让人感到公平，这就是公平理论。除了公平理论之外，还有一个理论也在讲这个道理，一定不能让"雷锋"

吃亏，这个理论就是强化理论。也就是说，一个人做了好事之后一定要给予相应的回报作为强化，否则下次就没人继续做好事了。同样，对于做坏事的人来讲，也不应该得到好的回报，否则，做坏事的人就会越来越多。

把公平理论和强化理论整合起来，要求组织一定要不断激活人们内心的正义感，才能让整个组织散发出正能量。社会的正义也是如此，做了好事要有好报，才会有更多的好人和好事涌现出来。

所以，公平理论和强化理论，一个代表公平，一个代表正义，为个人、组织和社会的正向动能提供了保证。组织一定要保持正气，君子犯法与庶民同罪，并且，无功不受禄，论功行赏，这是有效激励的要件。

在比较级的世界立足，除了努力别无选择

事实上，我们生活在一个比较级的世界，不是最高级的世界。比尔·盖茨有多富有好像跟我们没有太大关系，不会在心理上给我们带来太大影响和压力，但是，身边的人就不一样了。人们总是盯着"隔壁家老王"不放，并且，眼里容不下半粒沙子。比较是很多人常有的习惯，但必须特别注意两点。

一是比较的结果不能是痛苦和趋同。现实当中，一些人痛苦的来源正是在于，总是拿自己和周围的人做比较，甚至花在比较上的时间多过专心工作的时间。如果比较完之后的结果是让自己感到郁闷痛苦，自己的工作节奏很可能就被这种负面情绪所干扰，这样的话，倒不如控制自己不去做比较。

更可怕的结果是，比来比去，最后造成了跟风现象，导致了大家的趋同。事实上，组织需要的结果不是趋同，而是在个性化的时代整合差异，让每

个个体都可以绽放出自己的色彩，进而让组织变得丰富多彩。

组织也遵循同样的道理，善于跟风的组织通常会和带头的组织一起被淘汰。换言之，淘汰的不是一个企业，而是一群相似的企业。因此，务必注意，比较的结果一定不是痛苦和趋同，而是奋进和创新。

二是不要让自己靠运气成功。当然，这句话本身并不成立，但是不排除有人心存这样的幻想。

我们怎么来理解这一点呢？人们常说一些中国人有"仇富"心理，事实上，如果说是仇富，何止是中国人，全世界都有这样的人。可是，或许仇富本身并没有错。我们一定要清楚仇富的本质，别人仇恨的其实并不是所有的富有者，而是背后没有大量付出的富有者。

这就是公平理论所说的，对比的内容其实是付出和回报的比例。相反，几乎全世界人都欣赏有付出的回报。

再结合另外一个词"厚积薄发"就会知道，一方面，人们会"仇富"；但是，另一方面，人们又很欣赏甚至是尊重那些厚积薄发和大器晚成的人。这两个方面本质上是一样的：努力会得到尊重，不劳而获会让人难以接受。如果清楚了这个本质，要在这个充满比较级的世界当中立足，恐怕除了不懈的努力之外别无选择。

让人在接受挑战的同时拥有希望

激励除了需要懂人的需要，让人觉得公平之外，最后必须回到目标实现上，也就是说，要让人有把事情做成的信心。通俗地说，就是让人在接受挑战的同时拥有希望。这分别对应了两个理论，一个叫作目标设定理论，一个叫作期望理论。

目标设定的意思是，在设定目标时，目标要具体并且有难度，才能给人带来更大动力。如果对一个销售人员说，明年的目标是努力增长业绩，这样的目标几乎等于没说，到最后也没有办法准确评估这个人的业绩如何。但是，如果业绩去年增长了 15%，明年提出增长 20%，这个目标足够具体，同时也增加了一定的难度，这样的设定就比含糊不清的说法要好，因为给人指出了清晰的努力方向。

不过，如果去年增长 15%，明年就提出 200% 的增长目标，恐怕就麻烦了。难度过大，也会适得其反。因为人们看不到成功的希望，当人们看不到成功的希望时，哪怕给的报酬再高，也不会去努力。看看期望理论的公式，一个人做事的动力等于报酬和希望的乘积。报酬和希望缺一不可，哪个低了都不行。

要注意，期望理论的公式是一个乘法，不是加法。乘法的意思是，报酬再高，希望是零的话，动力等于零。同样，希望再高，报酬是零的话，动力依然是零。

激励的心理疗法：希望

不过从某种意义上来说，希望的弹性空间非常大，这是希望非常不一样的地方。希望不仅仅是可以带来动力，更确切地说，可以产生强大的弹力。

当一个绝望的人重拾希望时，往往可以绝地反击，充分释放出自己原来没有发挥出来的潜能，甚至超乎任何人的想象。在给人提供物质条件并且人员具备一定潜能的基础上，希望可以作为一种激励人的心理疗法。

一家企业在关键时候来了一位新的重要领袖，其作用可能是来给人"点灯"的，在黑暗的时候照亮希望。换言之，领导者必须能够给人带来希望，帮助员工重塑信心。TCL在企业发展最困难的时候谈"鹰的重生"的故事，也是让员工在困境中发现生存的一线希望。事实上，"星星之火，可以燎原"，这种希望可以释放出的弹性力量，早已在中国社会发展的革命过程中被验证过。

最后不要忘记，任何外界条件都必须经过个体内在的调整。在经济危机、企业危机或是人的危机当中，不论外界提供再多的支持，最终只有一样东西可以让人复活，就是自信心。而自信心的本质，就是自己给自己希望。

总之，在目标的部分，要让人既感受到压力又能感受到希望，同时，再结合人的需要给出公平的报酬，这样才能让人们向着胜利勇敢前进，这就是激励理论的精华。所以，从激励的角度，对于一个组织或团队的领导者来说，无非是做三件事情，一是制定一个有难度但又不是遥不可及的目标；二是给目标实现人员设计他所需要的报酬；三是带给人完成目标的希望，不论是给人有形的指导和资源支持，还是给人精神上的鼓舞和信心。目标、报酬和希望，三者缺一不可，这就是我们"撸起袖子加油干"的奔头。

|第十九章| 团队和领导力：领导者如何带队伍|

领导者带不好队伍，找一个最简单的原因的话，可能在于没有弄清楚团队本身是怎么一回事。不清楚什么是团队，表现在不能区分一群人、群体和团队这三个概念。所以，很多人所谓的团队，很可能并不是团队，可能只是一个群体，甚至仅仅是一群人而已。

团队必须产生绩效

举几个简单的例子，大概就会清楚一群人、群体和团队的区别了。

马路上一群看热闹的人，他们是一群人，但并不是一个群体。因为这些人互不相识，完全不会注意和关心彼此。大家只是表面上在一起，实质上形同陌路，没有任何共识。

"三个和尚没水喝"中的这三个和尚是一个群体。他们彼此相识，也有一定的共识——大家都要喝水。但是，问题在于，三个人一起工作没有绩效，他们有的更多是私心和偷懒意识。所以，这三个人还不能构成真正的团队。当人们在一起有过一段共同的时光，在相知、相互了解后依然能够在一起，就形成群体了。不过要成为团队，还需要大家在一起可以释放出工作能量。

这样我们就知道什么是团队了，团队是在一起的人群，这些人有共识，并且有 1+1>2 的协同绩效，这时候这群人才是团队。所以，理解团队首先需要清楚的是，如果团队缺乏共识的话，很可能目前的团队其实连群体都谈不上，而是一群散兵或者形同陌路的人。如果团队有共识但是缺乏协同创造的话，很可能是一个没有绩效的群体。

职能团队要专业，任务团队要协同

团队的种类有很多。从成员构成的相似性来说，有的是同质化的团队，有的是异质化的团队，不过同质化和异质化都是相对的。不论何种团队，最重要的是，要围绕团队目标或者团队要解决的问题来组建人员，这也正是战略性人力资源的意思。

一般来说，如果要解决的问题非常紧急，就会更倾向于搭建同质化的团队。这些人有相似的背景，可以更快速地磨合和融为一体，更有助于解决问题。而在打攻坚战或者是在重大创新问题上，要特别考虑团队的异质性，从而可以发挥异质背景交错互动的协同创新作用。当然，实质上，一个成熟的团队是两者二合一的，既要同心同力，又要有协作创新。

从团队所持续的时间来看，有临时型的团队，也有稳定型的团队。当然，从长远来看，天下没有不散的筵席，也就没有绝对稳定的团队。

一般来说，组织内部的各个部门都属于稳定型的团队。不过，如同"铁打的营盘流水的兵"，这种稳定更多是指营盘的稳定，即部门相对稳定，不是说人员不流动。各个部门之间围绕特定任务组合起来的跨职能团队一般是临时型的团队，时间持续多久取决于任务的完成时限。

根据两种团队的关系，稳定型的团队要善于培育专长，一个职能部门必须确保职能的专业化水准，才可以为跨职能团队贡献专业化的效率。有了专业化的效率贡献，才能保证临时型团队的"临时性"。临时型团队是围绕任务来进行的，一定要避免拖沓，否则任务的效率就下来了，如果临时型团队失去了"临时性"，变得拖拖拉拉，就说明团队不能胜任任务。

因此，临时型团队的主管的中心职责是"对立统一"，整合专业化效率的协同效果。具体来说，这个时候主管要做的就不再是一味地继续放大各自的专长了，这是原来职能主管的任务，作为任务主管，要去抑制或者发挥某种专长，从而促进专长之间的化学反应，共同为团队任务服务。

职能团队的主管做的是放大镜的工作，要强化职能，建立职能团队的规模优势。跨职能团队的主管做的是平面镜的工作，要协调职能，要平衡专长形成整体的画面。

事实上，如果把组织看作是一个整体的话，组织作为个体也是处在外部的大团队当中的，其中的道理也是一样的。有的是战略性的长期合作，而要稳固合作，组织需要在这个价值系统当中用自己不可或缺的价值占据一席之地。有些也会是临时性的合作，彼此之间为了特定的任务各取所需。总之，在团队的稳定性上，没有永远的朋友和敌人，只有永远的利益和任务。如果不能注意这一点，刻意让团队保持稳定或者解体是没有意义的。

这样来看，同质化团队、稳定型团队、职能团队，这些团队更像是一种"放大镜团队"，要做的是进一步"优化同质"，夯实专业化的基础。而异质化团队、临时型团队、跨职能团队，这些更像是一种"平面镜团队"，要做的是进一步"协同异质"，借助专业化整合的力量来完成任务。

不过，这两面镜子缺一不可。只会做放大镜的工作，就会发现组织的能量很大，但是能量过多地用在"内耗"上了，面对问题，组织空有一身能耐却无能为力。只会做平面镜也不行，组织就很可能成为"和事佬"，只能解决一些家长里短的小问题。当然还要注意，不能把两面镜子用反了。拿放大镜去做平面镜的工作，工作会一直拖沓下去，任务完成遥遥无期。拿平面镜去做放大镜的工作，有可能导致团队"未老先衰"，战斗力不足。

总之，对于团队和组织来说，既需要在专业化的道路上一路向前，又需要在整合的道路上携手并进，而一路向前和携手并进也可以看成是团队的本质要求。

设计团队的五大关键要素

在设计团队时，需要考虑一些关键要素，这些要素将会直接影响团队的效能。有效的团队设计必须考虑的五大要素包括：角色、规范、任务互赖性、规模控制、凝聚力。

前两个要素是围绕任务本身而进行的一些有形的设计。比较容易忽略的是后面的三个要素，这三个要素会在无形当中对团队效能产生重要的潜在影响。

首先，第一要素即设计角色是比较常规的工作，不过对于"角色"这个词需要有确切的理解。对于角色要有一个操作性的定义，必须从行为的角度来界定角色。对于每个角色，务必要说清楚，团队期望这个角色的一系列行为模式是什么，并且，每一个角色都要说清楚，否则，就会造成角色模糊。有些团队说自己分配了角色，可是结果却是角色不清，原因就在这里。

角色主要是针对个体行为的界定，同时，还必须有团队整体的行动规则。这就是第二个要素：规范。

通常对于规范的误解在于，认为规范是自动形成的一套潜规则。以为规范"不用说，大家心里都有数"，可是，极少有团队有这样自发的默契。事实恰恰相反，规范既不是自动生成的，也不是潜规则，而是从一开始就要确立，并且要明确提出的。所谓的自发默契，实质是对规范的一种习惯而已。

当然，规范可以不断演变，但是团队自成立起就必须约法三章，尤其是在行为相关的关键利益者问题上，一定要事先说清楚，说具体。比如，团队如何对待顾客，如何从行动上保护和尊重顾客的利益，而这种规则，是任何一个团队成员都不能打破的。

第三个有效团队设计的要素是任务的互赖性。任务的互赖性是一个巧妙的团队设计，可以起到穿针引线的作用。

"缺勤"是团队当中经常会出现的问题，从团队设计的角度来讲。缺勤率高的一个重要原因在于，彼此之间的任务依赖程度不够高。某个人不来，也不会对彼此和任务本身带来什么影响。可如果是这样的话，这个人很有可能成为可有可无的角色，而团队本身的效用也无法发挥。

当然，在互联网时代，除了流水线作业的工作，再一味地讲缺勤率可能有些过时了。但是，换另外一个词还是有必要的，即团队成员的参与度。无论何时，团队本身都需要成员能够积极投入进来，而这当中需要有一个协同的力量做牵引，即任务之间的相互依赖性。否则，成员的参与和互动程度都会下降。

需要注意的是，任务的互赖性可以起到穿针引线的作用，但是也会有比较大的风险。一根保险丝太单薄了，为了降低风险，可能需要设计"双保险"。

具体来说，任务互赖性对成员之间的协作给出了保证，问题在于，因为任务环环相扣，万一有一环断了，整体都会受到影响。所以要提醒团队，为了保证任务的完成，要有后备资源储备，尤其是对于可能导致任务整体瘫痪的关键环节。

NBA 球队就是一个很好的例子。在球队设计上，有主力球员，还有替补球员，有主帅，还有助理教练。这样做虽然看似有一定的人员冗余问题，但是却能确保任务本身不会因个体的特殊情况而中断。并且，如果我们不把人员当作冗余的话，这些可以正式担当责任的储备资源未来也许会真正挑起大梁。很多 NBA 巨星和金牌教练都是从这样的特殊团队设计中走出来的。这样看来，"双保险"不仅仅是保障现在，也在搭建未来。

事实上，第三个有效团队设计的要素即任务的互赖性，切中了协同的本质。对团队如此，对组织的业务安排也是如此。

两个团队表面上看似成员相近，但是，绩效却千差万别，人员的参与和互动程度也完全不同，原因可能就出在任务是否有互赖性上。因为任务的互赖性会促进人员的参与和互动，进而产生高绩效。

两家同样是多元化的企业，也可能会因为业务之间的关联程度不同而有不同差别的绩效。一家按照产业链逻辑展开业务布局的企业可能要比盲目开展多元化的企业更加高效。任务互赖性的典范正是价值链的设计，在组织的内部价值链上，有营销、研发、采购、制造、销售等环节，在外部价值链上有供应、制造、渠道等环节，事实上，任务的互赖设计也该如此，任务环环相扣，并且每个任务都有每个任务清晰的价值创造内容。

在协同创造上，NBA 球队依然是很好的例子。NBA 特别喜欢"铁三角"的黄金架构，因为三角形具有互赖性和稳定性。不论是"得分王、篮板王、助攻王"的组合，还是"三分王、扣篮王、抢断王"之类的组合，这种稳定和互赖的三角架构可以打破"王不见王"的僵局，形成很强的竞争力。把这个架构设计好之后，就可以组建"铁打的营盘流水的兵"的组合，营盘稳定，同时持续保有高水平的成员。所以，NBA 在每个年代都会出现铁三角的超级巨星组合。

值得一提的是，很多时候这些组合的成员最初还算不上是各个领域的王者。在组建团队时，只是把得分不错、篮板不错、助攻不错的人组合在一起，但是，因为这种互赖性的协作效应，组合的光彩不断被释放出来，最后每个人都成了王者，几个人的关系实际上是"互相成就"的。

相比互赖协同的"铁三角"模式，另外一种"双巨头"模式虽然造价同样不菲，但是往往不会有这么出色的成绩。一方面，只有得分王和篮板王还不够，好像还差一个助攻王。另一方面，更重要的问题在于，"双巨头"往往是两个"得分王"在一起，这种双王组合的不良效应在 NBA 并不少见，常常令人惋惜，原因就在于稳定性和协同性都不够。

只有"双王"的关系从"内耗"变为"协同"时，双巨头模式才能生效，而这又离不开第三个重要人物——教练。一个优秀的团队教练不仅仅是布局战术，更要做到变"一山不容二虎"为"如虎添翼"，让成员彼此相互加持。这样来看，问题或许并不在"老虎"身上，而是在如何设计彼此之间的关系上，"王不见王"的根本解决之道在于"互相成就"。

第四个有效团队设计的要素是规模控制。注意，这里并不是在讲规模本身，而是强调在规模之后，必须有"控制"这两个字。不少人有追求规模的欲望，但事实上，不论是对于组织还是团队来说，不能控制的规模，实际上都是无效的规模。此外，需要说明的是，这里的控制并不是在讲控制人，而是控制规模，也就是要确保规模大小在掌控之中。

之所以在规模后面特别加上控制这两个字，是因为我们在团队大小的问题上，常常会默认规模，有几个人就是几个人。但是，从团队有效性的角度来说，一定不是这样的。团队的规模取决于任务需求，在此基础上，再进一步通过规模控制把团队大小限定在适度的范围之内。

团队太小，完成任务的力量就不够；但是团队规模一旦变大，第一个直接的问题就是失控。典型的表现就是团队当中会出现我们看不到的"偷懒"现象，组织行为学称之为"社会惰怠"。如同滥竽充数的典故一样，人一多，个人的贡献就难以识别。为了解决"社会惰怠"的问题，分别针对导致问题出现的两个原因——无法识别个人贡献和规模偏大，可以有两个控制手法。

一是针对无法识别个人贡献的原因，要明确个人责任。没有"集体责任"这个说法，说大家一起负责却不明确个人责任就等于没说，要做出责任区分，这样别人就不容易"搭便车"。

二是针对规模偏大的原因，要学会"化小规模"。比如，一个任务需要30个人来完成，可是这个规模太大了。这时，可以把任务继续切分为6份，把大团队分拆掉，形成6个小团队，每个团队5个人，就比较容易识别个人贡献，也不容易失控了。今天很多企业不断拆分业务，不断减小业务单元，背后正是这个逻辑。所以，到底是不是人多力量大，关键看是否进行了有效的规模控制。总之，要变"拔河比赛"为"掰手腕"，这就是规模控制的核心原理。

在团队的规模设计上，还有一个特殊的概念，叫作管理幅度。管理幅度指的是，一个管理者可以直接管理的下属数量。

按照规模控制的基本逻辑，管理幅度过大，就很可能会失控。不过，近年来随着整个组织不断扁平化的发展，以及互联网技术带来的更加便利的沟通条件，一些管理者可能会以为可以把有效管理幅度从几个人提升至几十人甚至更多。这样的认知有其道理，从信息沟通本身来看是可以做到的，不过回到团队有效规模的根本要求来看，还是建议继续减小团队单元，这样会让个体的表现更为显著，也有助于提升团队整体的效能。

第五个也是最后一个有效团队设计的要素是凝聚力。凝聚力类似于组织行为学早期所讲的士气，我们需要特别留心，凝聚力也是设计出来的。

凝聚力的本质是团结一心，是大家愿意向整体靠拢，从而真正把团队成员聚合起来。在凝聚力上，除了用制度、规模控制、互赖性或者互动交往的方法之外，最重要的是要保证两点，或者说是进行两项特别的训练："冬练三九"和"理性修炼"。

一是"抱团取暖法"。在任务设计上，引导团队去迎接困难和挑战，尤其是敢于迎接环境的变化，如果有了这种意识，无论是顾客的变化还是对手的挑战，都会成为历练团队的机会。团队经历的磨难越多，就会磨合得越好。经过一次又一次的抱团取暖，大家会更加相信团队的力量，这个力量会大过自己，会做成更大的事情，并且自己的价值可以借助团队来释放。

二是要保护团队门槛。要维持团队在成员心中的庄重性，不是任何人都可以随随便便进入这个团队的。这种团队的庄重感会让每位成员都珍惜自己在团队当中拥有的一切。保护团队门槛，是在团队设计上对于整体利益的顾及。如果不顾及团队整体的感受，就会"牵一发而动全身"。

例如，在团队当中随便引入了一个人，这个人可能是某某主管的亲戚，但能力达不到团队的门槛，这就很有可能搅乱整体的士气。虽然这看似并不是太大的人事变动，但却有可能让团队大伤元气。保护好团队的门槛，恰恰是团队设计所表现出的理性，因此，团队设计同样需要理性的修炼。

如何提升团队决策的品质

领导者通常会带领团队一起商讨来做决策。一方面，这样可以集思广益，所谓"三个臭皮匠，顶个诸葛亮"，可以得到不错的答案。另一方面，相比专断的领导者，大家共同讨论得到的结果会更有助于决策结果的执行。

不排除领导者个人才智过人，自己可以拿出完美的主意，不过，如果这个主意不被团队认可，恐怕会大大增加执行的难度。

在做团队决策时要相当小心，如果不懂得当中的一些注意事项，很可能会大大降低决策的品质，没有办法发挥集体智慧。在团队讨论的过程中，有这样几个细节问题会影响决策的品质。

一是议而不决的拖延症。成员之间不停地彼此争斗，甚至为了讨论而讨论，为了争议而争议，忘记了讨论和争议的初衷。要知道，集体讨论本身就比个人决策要慢，而这样更会慢上加慢。

二是人会害羞。尤其是中国人要面子，怕得罪人，生怕自己说出了让人耻笑的观点，或者说出了和大家都不一样的观点，从而被认为是和大家唱反调。所以，有时候干脆就不敢说了。事实上，很多创新最初看起来往往都是怪怪的。这种现象专业术语叫作"评价顾忌"，人们担心自己的观点被"差评"。

三是忘词现象。在集体讨论的时候可能都有这种共鸣，有时候自己想到一个主意，可是，由于一般讨论是一个一个发言的，等轮到自己说的时候，刚才的想法可能已经忘掉了。这就导致了很多观点根本没有生成，专业术语叫作"生成受阻"。奇思妙想转瞬即逝，被浪费掉非常可惜。

针对影响团队决策质量的这些原因，首先需要明确的整体原则是，对事不对人。在讨论当中允许异议存在，但矛头不能指向个人，并且事情或者说讨论的核心问题永远是决策的中心点，不能跑题。具体来说，要改善决策品质，需要相应地做好以下三点。

一是要聚焦问题。针对团队决策的拖延症，在谈论的时候，不能只有观点的发散，最后必须能收回来。发散本身并不是目的，不能让决策最后没有结果，或者有结果而无效率。对于会议这种常用的团队决策工作方式来说，其核心在于：过程有差异，结果有共识。

二是要独立自主。针对评价的顾虑，通过独立表达观点、允许把观点表达完整、互不干扰的方式，尽可能地降低人们心中的顾虑。

三是要记录观点。俗话说，好记性不如烂笔头，针对忘词现象，要提示大家把随时想到的内容写下来。为了方便大家，可以为大家事先准备好纸和笔，并且可以预留给成员一定的时间来充分记录和表达观点。

当团队决策可以做到以上几点时，就会减少感情用事带来的争端和干扰，让决策变得更加理性和客观。

要用团队决策，就要包容其不足

以问题为焦点，鼓励成员把自己的真实想法充分表达出来之后，团队决策的品质会有所提高。不过，团队决策无法做到完美无瑕。如果采用团队决策，就需要包容以下两个不完美之处。

一是少部分人会委曲求全。所谓的共识，多数情况下代表的是大多数人的观点。实际上，众口难调，团队决策往往要以大局为重，要少数服从多数，所以共识的确不见得能够让所有人都满意。

二是需要耗费较长时间。团队决策本身就是多成员参与，并且要给出时间来进行观点的表达和回收。因此，从效率来讲，自然不如一个人拍板更快。

这两点是团队决策固有的局限，是和团队决策相伴而生的。因此，要得到团队决策的好处，就得接纳团队决策的全部，不论好与不好。如果不能做到以大局为重并且在时间上过于吝啬，团队决策也会失效。

具体来说，如果不能以大局为重，过于在意少数人的感受，最后让多数人服从少数人，执行起来就可能会重重受阻。所以，有时候可能需要牺牺牲个人观点，尽管有可能这个观点看起来更好，但当观点没有被执行的时候，再好的观点其实都没有意义。此外，如果不给时间和机会让人们释放自己的观点，那团队本身所具备的集合智慧优势就又没有了。

因此，团队决策只能是相对完善，不能达到绝对完美。当然，如果不能接受团队决策本身的局限，那就一个人拍板好了，不过前提是个人决策者能够保证结果的执行。

团队决策的技术

如果清楚了上面的团队决策方法论，就很容易读懂一些团队决策的技术方法了。常用的团队决策技术有两个：头脑风暴法和名义小组技术。

头脑风暴法是发散团队思维的一种方法。头脑风暴法鼓励大家围绕主题尽可能发散观点，有想法就表达出来，同时彼此不批评，只发展对方的观点。头脑风暴法的逻辑在于，在大样本之下会有小概率事件发生。也就是说，当观点足够多时，总会有一两个好的观点出现。头脑风暴法一定要求有"量"，而要保证观点的数量足够多，就不能有批评。所以，彼此不批评是运用头脑风暴法的核心要领。

不过，头脑风暴法的收缩功能不是很好，所以，可以将它进一步发展成为名义小组技术。

名义小组技术包括三个步骤。第一步，围绕问题，每个人独立写出自己的观点。注意这里的关键词，一定要独立。第二步，给充分的时间让每个人把自己的观点讲明白。别人没听明白可以继续追问，但不是用批评的方式。当然，最好有人来控制时间，不能一味地消耗时间。第三步，集合观点并投票表决。这一步操作的关键之处在于，每个人独立投票，保持安静，不要交头接耳。经过这三步走，就能得到比较完善的团队决策结果了。

对于名义小组这项技术，名义上是一个小组团队，但是，决策过程并没有忽略个体的创造力，并且在充分释放个体观点的基础上，最终得到了大多数人能接受的结果。这正是团队决策的要求和优势所在。

领导力不是作秀，而是做事

对于领导力这个词，我们平时生活当中已经听得非常多了，甚至领导力的训练已经从娃娃阶段就开始抓起，有人认为让小朋友站到讲台上演讲就是在培养领导力了，当然，对于类似的"常识性"认知，这里先不判断对错，还是回到领导力本身来加以理解。

事实上，虽然我们常听说、常使用领导力这个词，但是，如果真正要说领导力到底是什么，似乎很多人又说不出来。领导力的本质实际上是在讲，领导者怎样才能有效力。所以，检验领导力的标准往往是做结果检验，通常是拿实实在在的成绩来说话。如果从实际绩效的角度来认识领导力，就会知道，领导力是个比较正式的概念，更多是被使用在正式的组织当中的。

领导力和权力比较像，两个概念都是工作中的概念，也都有影响力的意思，不同的是，权力更偏向于一种手段，而领导力更多的是一种结果检验。所以，从广义上说，只要能够发挥出自己的领导力，人人都可以是领导者，不论是否拥有职位和权力。对于拥有正式职权的领导者来说，权力是职位本身赋予领导者的资源和手段，如果一个有权力的人没有领导力，这意味着是对权力本身的极大浪费，因为占用着领导者的位置，却没贡献出绩效。

因此，领导者一定要有成效，否则就名不副实。领导力不是作秀，而是做事，探讨领导力这三个字，讲求的是领导者怎样才能有效力。

判断领导者是否能做出有效的成绩有五个方向：一是领导者本人的特点，二是领导者心里最关心的是什么，三是领导者的关键工作有没有做到位，四是领导者怎么处理与环境的关系，五是领导者是否做了这个阶段该做的事情。如果一个领导者不能梳理清楚这五个问题，恐怕很难真正获得成效。

身心素质：为领导力开个好头

我们在认识新个体时会先看个性，领导者也不例外，谈领导者的领导力，总是绕不开领导者本人的特征。

不过，一千个人心里有一千个哈姆雷特，每个人对于优秀的领导者都可能有不同的期待或者认知。比如，领导者要有责任心，要有魅力，要有智力，要有决断力，要有说服力等。

实际上，这些所有我们可以想象到的特质，都可以追溯到对个性和认知部分的探讨。组织行为学最初谈论个性和认知，其实就是想让我们看到一些优秀者的方向，并且让自己往这些方向调整。所以，以人性和认知本身的基点为起点，当我们不断沿着积极的方向雕塑自己的个性和认知时，就已经具备了很多领导者的优秀特质了。

个性和认知的部分给我们提供了很多发散性的思考，一个领导者应该具备各种各样的特质，学习的理论越丰富，似乎对领导者的要求也越多。不过，当我们把所有发散的特质往回收的时候，会发现一个书本上几乎不会谈到的个人特点，这个特点是对于领导者最根本的要求，即良好的身心素质，这一点才是领导者必须直面的现实。

有些观点认为，领导者会比较清闲，这是把领导者这个角色理想化了。

更偏颇的认识是，如果一个领导者可以把企业管理得井井有条，自己就可以潇洒地去生活了。

事实上，现实一定比理想更理性。领导者的真实工作要比这种理想境界要"残酷"得多。要成为优秀的领导者，几乎都是要顶着巨大的压力持续工作的，这样的现实要求领导者必须具备两样最重要的素质，一是身体好，因为要做高强度的工作；二是心理素质好，因为要经受无数次的失败考验和历练。

因此，身心素质就是领导力中最重要的个人要求了。

今天不少人已经把领导力这个概念神化了。领导者所展现出来的风采和成就令不少人崇拜或是向往，有一些父母为了让下一代更加有领导力，已经从娃娃开始抓起。然而，领导力训练的真正内涵一定不是仅在台上激情澎湃地演讲，那是演讲者，不是领导者。

我们不应该过度"美化"领导力，否则就触摸不到领导者的真实状态。事实上，领导者的真正工作并不是表面上那么光鲜，而是日复一日的繁重工作，光鲜的背后其实是"魔鬼训练"，否则，训练的就不是领导力，而是虚荣心。也因此，有效的领导者并不爱慕虚荣，而是低调务实的。

领导力训练的是身体素质，还有不断吃苦，不断尝试，受到挫折但依然继续前行的特质。很多年轻人觉得自己身体好，身体健康问题似乎离自己很遥远，但是，最该重视身体健康的就是年轻人。这里必须清楚的是，但凡让我们措手不及的事情，往往都是那些我们以为还很遥远的事情。心理素质也是一样，很多人心理素质不好，往往是因为没有吃过什么苦头。所以，不管过去如何，对每个人来说，都要从现在归零并且开始锻炼身心，这样才能为打造自己的领导力开个好头。

领导者方法论：人事并重

在组织管理的工作当中，领导者的关注点通常有两个，一个是人，即我们通常说的同事或者上下级；另一个是事，即任务或者目标。

不同的领导者在这两点上可能会有所侧重，这样就有了四种领导风格：重人不重事，重事不重人，人事并重，谁也不重。作为领导者，不妨看看自己属于哪一类？

两个都不重视的领导者肯定不行，属于玩忽职守，自然结果最糟。重人不重事的领导者，员工的满意度和幸福感都很高，但是绩效未必高。重事不重人的领导结果是绩效高，但人的满意度可能不高，不过相比之下，要比重人不重事略好一些，因为至少会有不错的当期业绩。当然，最好的领导方式莫过于人事并重，绩效好，同时满意度也高，从而让绩效更可持续。

这个结论看似简单，不过容易忽略的地方在于，人和事是有先后顺序的。合理的顺序是事在前，人在后。这种顺序背后的根本逻辑是：事的属性是目标，而人的属性是资源，资源必须为目标服务。

组织的资源是有限的，这是领导者分配资源的前提。从本质上讲，领导者不是把资源给到人，而是给到事，因为人本身也是资源。组织的所有资源的服务重心在于目标。如果把人当作重心，很可能会浪费一部分有限的资源。

这样来看，人事并重的本质在于：事是重心，而人又同时成为被尊重的对象。因为人为目标做出了付出和牺牲，值得给予尊重，尤其是一线劳动者。

对于一线劳动者，领导者有两个最大的责任。一是要点明做事的标准。

不能让劳动者瞎忙活，浪费他们宝贵的劳动力。二是要给予劳动者充分的尊重。这种尊重不只是谈"劳动人民最光荣"和做出表彰，而是让劳动人民过上有尊严的生活。当然，这份尊严是劳动人民自己赢得的。作为领导者必须做到。以事为中心，尊重人，这是有效领导者的责任。

如果清楚了这两点，"一线授权"这个词就应该重新被认识，因为这个表达还不够完整。一线授权当然是对劳动者工作的重要支持，但是在运用时领导者要多加留意。授权代表着各种资源的分配，但授权的前提还是事情。所以，相比"一线授权"这四个字，如果运用领导力的做事习惯来看的话，可以进一步发展为"一线负责，责权对等"。一定要确保一线的权力专用，而不是权力滥用，要明确资源的用途，而不是让资源迷路，这样的行动逻辑能够确保结果的有效性。

核心工作方法：重新定义人事变动

领导者以"人事并重"作为方法论，就会得出相应的工作方法。针对事和人，组织行为学分别给予领导者两项工作内容，一是进行变革，二是进行交易，所以会有变革型领导和交易型领导的说法。如果用人事并重的方法论做指导，两者是缺一不可的。

领导者要先把事情定下来，而这个事情往往又是不确定的。这个听起来有点拗口，但却表达了领导者的变革工作。事实上，因为环境在变化，领导者可能需要不断调整事情来适应环境的变化，也就是要通过持续变革，让组织或团队所做的事情始终符合环境的需要，这是在动态环境下领导力有效的前提条件。

在这个基础上，下一步是做交易。找到做事情的合适人选，并用交易的方式动员人们把事情做成。也就是说，做成了就兑现承诺，给予人员回报或奖励；做不成，人员就可能受到惩罚，甚至换人来做。

人们常常听到"人事变动"这个词，这个词也往往会带给一些人紧张感，因为它常常会和离职或者裁员联系在一起。虽然听起来的确有些残酷，可是，从某种意义上说，不会做人事变动的领导者就不是一个好领导者，因为他没有触碰到领导者的核心工作。

领导者的工作就是要做变革和交易。当然，人事变动并不仅仅是在讲裁员或者离职的问题。根据领导者的变革和交易工作，我们可以重新来定义"人事变动"，一方面是做"事变"，另一方面是做"人动"。"事变"是变革的工作，"人动"是交易的工作。

"事变"的结果通常是，人们所做的事情会越来越有挑战性。因为组织是环境的组成部分，当环境变化时，组织不变就无法生存，所以组织就有了新的生存任务。因此，领导者要率领组织跟着环境做"事变"，顺势而为。

在此基础上，要承接挑战，领导者就必须让组织和个人进行有效的互动。组织要满足个人所需，同时个人要完成组织的新任务。在完成任务时，如果一个人不能被调动起来，就只能调动其他人，所以才有了裁员等现象。领导者需要用新的条件换来可以胜任工作的新人，总之，必须把人调动起来，才能使其胜任新的工作。

因此，以人事并重为方法论，人事变动就是领导者工作的核心方法。当中的逻辑有必要认真去品味和反思。对于一个领导者来说，如果没有领导力，问题可能就出在了不会做人事变动上。

领导者也会被炒鱿鱼

领导者可以决定人事变动，看似威风八面，但也有被炒掉的可能。一家企业请了一位经理人，如果最后这位经理人不能带来绩效，应不应该被炒掉呢？正方的回答是，当然应该了，因为绩效是检验领导力的标准。

不过又有反方出来说，这个人在别的企业做得挺好的，到了这家企业就不行了，不能怨他，是企业没有配合好他。这种观点正是费德勒的权变领导理论所主张的，即不以成败来论英雄，领导者的绩效，不是自己一个人说了算的。

具体来说，要看三个方面：一是看任务本身有没有被清晰界定，也就是说员工是否很清楚要做什么事；二是看职位本身的权力是否充分，否则领导者没有办法和成员做交易；三是看领导者和成员的关系如何，成员是否愿意追随这位领导者。

不过这个理论又有些自相矛盾，因为这三点绕来绕去，很可能还是领导者自身的人事工作没有做好。所以，最后这个理论也给了一些妥协的答案，算是正方和反方和解了。

如果组织聘请了领导者，就应该尽可能地支持他的工作。但是，不管一个领导者过去用自己的方式在别的企业取得了多么出色的成绩，如果在现在的企业当中原有的方式不奏效，而这个领导者又不愿意改变的话，就应该被换掉，重新换领导者。

领导者要陪同成员成长

领导者要保住自身的"乌纱帽"，对自身的要求实际上是很高的。这种高要求归结到底是一点，就是要调整自己适合环境的需要。在适者生存方面，组织和个人，包括领导者在内，都不能违背这个规律。

当事情确定了之后，领导者的绩效实际上是由做事的人来决定的。由于人是多样化的，这就要求领导者改变自己，学会用不同的方式和不同的人合作，最终把事情做成。这就是赫塞和布兰查德的权变理论。

这个理论用任务成熟度对人做了归类，然后再让领导者根据各类人的特点给出不同的适应方式。就像大人和小孩在某些方面的成熟特征是不一样的，任务成熟度是指，人们做事情的能力和意愿。

对于有些刚步入职场的大学生来说，做事的能力还没有被开发出来，同时还没有走出校园的氛围，不能很快适应企业的新节奏，这个时候就需要领导者多花精力带一带，就像是师傅带徒弟，做一个传授型的领导者。对于这样的职场新人，领导者要传道授业解惑，提供各种支持，培养新人的工作热情和工作能力。

拥有了工作热情和工作能力就是人在职场开始成熟的标志。随着成员不断成熟，就像是对待不断长大的孩子一样，领导者也应该逐渐放手，让自己从传授型的领导者发展为授权型的领导者。伴随成员从不成熟走向成熟，领导方式从传授到授权，这就是领导者和成员一起成长的路径。

其实我们也可以积极地看待"八面玲珑"这个词。领导者需要有多面手的能力，才能真正帮助处在不同成熟阶段的人成长，只有这些人成长起来并做出绩效，才能证明领导工作是有效的，才能保住领导者的"乌纱帽"。要想成为"变形金刚"，得先"变形"，才能有"金刚"之力。

总之，不论是费德勒的权变理论，还是赫塞和布兰查德的权变理论，从根本上讲，考验的都是领导者的适应力。所以，作为一名领导者，应该时刻为自己敲响警钟，不然，同样面临下岗的危险。

不过，话虽如此，我们还是应该再鼓励一下年轻人。当一个人表现得越积极时，就越会得到贵人相助，领导者也会越愿意来帮助这样的人成长，因为他们成熟得更快一些。成熟的人会被授予更多权力，新人有一天也会成长为新的领导者，或许，这正是一个领导者的生命周期吧。

领导力周期：从努力争取到安然释怀

在领导力的最后，就要说到领导力的生命周期了。没有人天生就是领导者，没人天生就具备领导力。即便是子承父业，也只是继承了家业，并不等于继承了领导力。领导力是个周期性的过程，任何人想获取领导力，都必须经过领导力生命周期的锻炼。这个周期大致可以分为以下三个阶段。

首先，在职业生涯初期，中心任务是建立权力的基础。具体来说，要努力去储备知识，储备专业技能，储备经验和阅历，尊重身边的同事，这些是我们获取权力的基础。当然，每个岗位及其具体的工作内容都会有所不同，但都需要这种意识。一个新人到了新的环境当中，是先去批判环境还是先去理解环境？一个新官上任，是先去烧火还是先找柴火？要想有所作为，就得先建立权力基础。

其次，在职业生涯中期，中心任务是让权力行之有效。在获得了一定的权力基础之后，最重要的是不要滥用权力。任何权力都来之不易，人在有权力的时候一定要避免自我膨胀，要发挥资源的使用效率，同时要保有强烈的伦理道德感，合法使用权力。

最后，在职业生涯晚期，中心任务是完成权力交接。在这个阶段的领导者，要打破权力的惯性和私欲，大方让权，尤其是对于企业的重要领导者来说，不要让企业依赖于一个人。事实上，领导者的本质不是一个人，而是一个角色。在正式的组织当中，领导者迟早是要交班的，作为一个会生老病死的人，在完成好这个角色的使命之后，要继续找到合适的人来担当这个角色，才是领导者最后应该做的事情，而不是让自己的私欲把领导者这个角色带走。

先努力得到，最后再安然放下，做好每个阶段该做的事情，这就是完美的领导力生命周期了。

第二十章 | 组织成长的三驾马车：结构、文化、变革

在组织行为学的内容体系当中，最后一个部分是组织层面的内容，相比个体和团队层面，这个部分的理论少一些，但是灵活性会更大一些，因为这个部分实际上是在刻画一个组织的成长，从一个人开始，到一个小小的机构，再到一个大型的组织，再到面对各种风雨继续走下去。

所以，真实的组织是可以用拟人化的手法来表达的。在组织成长的过程当中，会有三个非常重要的成长部分，一是自己的骨骼和器官发育，二是自己的心智模式，三是自己的应变能力，最好能一直成长下去，做到"长生不老"，这种成长三部曲分别对应了组织行为整体上的三个内容——组织结构、组织文化及组织变革。

假想一下一家企业的成长。刚开始一个人做点小生意，生意好起来之后，一个人忙不过来了，就找两人过来给自己打打杂，不过这时所有的事情还都在自己的掌控之中，别人做的都是打下手的工作。

再往后发展，想要把生意做得更精细一些的时候，自己的能力已经不够了，需要请两个专业的人。这两个人就不是打杂的了，懂生产的人做生产，懂销售的人做销售，这就把生意做得更像样了。随着生意日益火爆，做生产的一个人不够了，销售一个人也忙不过来了，那就得再请一些人，这个

时候，就有了生产部门和销售部门。到这时，已经挺有现代企业的样子了。

就这样，这个做小生意的人就慢慢把企业做起来了。当在自己的小镇上已经把生意经营得挺好的时候，领导者还想把生意再做大一点，想把产品卖到另一个镇子上面。随着那边的生意越做越好，为了满足当地需求，就直接在那边建立了分厂。

除了地域上的扩张之外，这个时候，因为自己在这个行业已经是龙头老大了，企业积累了一些财富，同时也看到了一些新的机会，于是开始尝试做新的生意。当然，新旧生意两不误，两个生意实际上是一种供应关系，旧的生意提供资金、业务、人员的支持，新的生成长起来之后再去支持更新的生意。所以，生意生出新的生意，不断循环，不断再生。

事实上，在生意发展的过程当中，企业也在不断组建人马。如果人手足够，新的生意就单独配齐一套人马；人手紧张的话，新旧业务就共用一批人，满足所有生意的需要和支配。

这时，企业已经是一家大企业了，在这个成长过程当中，组织潜移默化地发生了三个变化。

一是企业变得更加健硕有力了。企业有了各个分支机构，更厉害的是，企业和外界的往来也越来越多了。随着企业的成长，它在外界的关系网络也在成长，因为企业的生意火爆，带动了很多合作伙伴的成长，甚至拉动了相关的生意，而反过来说，企业本身也是这些网络伙伴的受益者。

二是企业有了更好的协调性。企业上下步调一致，身心统一。企业的成员在不知不觉当中变得越来越相似，多多少少都沾染了一些创始人当年的精神。如果创始人很勤奋，这种精神也会不断影响着身边的人，所以一代一代的员工就这样成长起来了。再有新人进来，也得保持这样的精神，不然就成长不起来。

三是创始者变得更加勇敢了。企业前进的心从未停止过，每一次的成长对创始者都是最好的反馈和激励。在做生意上，一方面，自己要一门心思把生意做好；另一方面，在做好一门生意的同时，又激励自己用心把下一门生意做好。

做生意只有一个目的，就是不断创造顾客。因此，站在顾客的角度来说，生意的意思是要让顾客的生活更有意义。所以，这倒逼着组织努力成长。而对于组织本身而言，生意一定要生出意义，要让自己生生不息才有意义。

上文这家虚构的企业说明了企业为什么成长以及如何成长。为了做好生意，企业必须努力让自己具备真正的组织能力，努力让自己的羽翼变得丰满，并且听从内心的召唤，更重要的是，不断飞向更广阔的天空。羽翼丰满、身心合一、勇敢的心，分别对应了组织成长的三驾马车——组织结构、组织文化、组织变革，这是组织成长的必备工作。

但是，不是所有的企业都能够成长起来。事实上，上面那个企业成长的故事，并不是凭空想象出来的，而是遵循了组织发展的规律。企业成长不起来，往往是出现了一些逻辑上的根本问题。主要有以下两个方面。

一是成长的先后顺序颠倒，重形式，轻绩效，本末倒置。如果忘掉了企业赖以生存的绩效前提，只是为了让羽翼丰满而丰满，企业就有陷入规模膨胀的误区，看起来规模很大，可大多是"虚胖"，因为很多规模本身并不产生价值，甚至是一种浪费。回归到企业绩效，不论人多人少，够用了就好，能够解决问题就可以，否则，结构再复杂都是浪费。

二是成长得不完善。这表现为组织结构、组织文化、组织变革只做了部分工作。有的组织的羽翼丰满，可是很多员工翅膀硬了之后就飞走了；有的组织的羽翼和内心一体，可是内心的活力却不够，不再敢变化和创新了，导致组织空有一身羽翼，没有继续翱翔的空间。

所以，在整体的行为层面，组织一定不能在成长逻辑上出现问题，否则企业距离我们想象的样子可能会越来越远。

组织结构要按需定制，量身打造

在组织结构上，有两个最重要的内容，一是要清楚组织结构的影响因素是什么，二是要知道一些常用的组织结构。

结构是为目的服务的，要让结构有用才行。这就像是我们想盖一栋房子，到底是盖一层还是三层，每间房间要多大，得先看这个房子是做什么用的，是自己住还是商用，目的决定了结构。换言之，结构也只是一个工具的身份，结构本身不是目的。同样是 100 平方米的房子，想多住几个人可能就要多设计几个房间，想开一个小卖铺或者方便交流，就尽可能让空间开阔。这就需要先找到决定结构的因素是什么。

对于第二项内容，如果我们想盖一幢住宅或者写字楼，也可以参考几种楼型和户型，这就像是各种组织结构，知道了每一种楼型的建造要求，再看看自己有没有达到这些要求，比如地基是否符合标准，这个时候就可以选择自己需要并且能够安全建造的结构了。

因此，在组织结构上，要按需定制，根据自己的实际需要来选择结构，并且要量身打造，结构必须和自身条件相符才可以。

影响组织架构的四个因素

影响组织结构的因素有以下四个方面。

第一个因素是战略。组织结构首先要满足战略的需要，所以要始终明确，要做的生意或者事业是什么，并且让结构跟着生意的节奏来变。

在生意还不大的时候，结构就简单一点；随着生意蒸蒸日上，人手不足时，再让结构一点一点地从简单到复杂。有的企业总是有想开分店或者建立分厂的冲动，那我们得先问：你的生意怎么样，你有多少业务和市场，需不需要让自己的规模这么大？如果说你对未来有很大的期许，我们还需要问：你现在的资源够不够开分店？如果那只是一个遥远的梦想而现在还非常不成熟，就应该让组织简单一些。

延续战略的话题，我们还可以继续追问，影响战略的因素是什么。当然是环境了。从外部环境上来说，有新的市场机会出现，同时，从内部环境上来说，当目前的积累也有可能让自己触碰到这个机会时，自己就可以也应该做出新的尝试，这样就有了多元化的战略。

所以，通常是具备一定发展积累的企业才尝试多元化，同时组织结构也需要跟随着这样的战略做调整，如果这时仍然采用集权化的结构方式，就有可能限制多元化战略的施展空间，所以通常会用事业部等分权结构。这就说到了影响组织结构的第二个因素：规模。当企业不断发展时，需要从集权到不断分权，所以才会有分部、分厂等的概念。

第三个因素是知识。随着对于专业知识和技术的需要的增长，就会发现一个人知道的东西很有限，所以需要专业的人来做专业的事，比如专门做技术、专门做财务的人，在大数据时代，可能还需要设立职位请人来专门做数据工作。

需要的知识越专业，越需要从职位上分配给拥有专业知识的人更多资源和权力，这就是知识对结构的影响。组织对于专业知识的需要驱动着其做出相应的职位设计和资源分配，这也是为什么我们会强调一个人要学好自己的专业知识的原因，有了这个基础，就更容易在组织结构当中找到自己的位置。

第四个因素看似不必说，但事实上很重要，那就是认知，并且是企业家或者创业者的认知。具体来说，是老板有没有意识到现在企业需要做结构调整了。

一个企业结构的总设计师其实是老板，如果他意识不到结构在制约企业的成长，是最麻烦的问题。如果他不知道是自己的集权限制了企业通往大型企业的成长道路，又怎么能指望公司做结构上的调整呢？如果他不知道目前的结构方式已经和公司的战略安排不匹配，到最后做不出成绩的时候，还有可能将失败归因于战略有问题。

当然，老板的"不解"或许正是因为没有意识到影响企业结构需要做出变化的关键因素。因此，还是应该从整体上知道企业结构的影响因素有哪些，当用这些因素来做自我对照时，或许会发现一些结构上的改善空间。不是战略不对，是结构没有跟上战略；不是达不到想要的规模，而是集权限制了成长空间；不是知识没有用，而是根本就没有赋予知识相应的尊重和权力。

组织结构的"拆"和"组"

组织结构一般有四种"建筑"方案，一是单身公寓，二是普通住宅，三是写字楼，四是超市。

单身公寓是最简单的住宅结构、配置相对简单。

普通住宅是组织结构的标配，也就是我们最常说的职能型的结构。住宅里有客厅、厨房、卧室，功能分区，样样俱全。同样，企业有生产部、销售部、财务部等，各司其职，就有了基本的职能结构。但凡在组织稍微有一点规模之后，组织基本上都会形成这种标配的职能结构。卧室能很好地执行卧室的功能，客厅和厨房等也都是如此，因此，在这种结构下，企业的各个职能部门会各尽所能。当一个组织在职能结构上已经有了比较长时间的积累之后，各个职能能力都很不错了，就有机会尝试新的建筑方案。

前两种建筑在用途上是偏自住的，是相对"集权"和"隐私"的家庭式设计理念。后两种就是商用了，是相对"分权"和"共享"的商用设计理念。

事业部结构就像是一个写字楼一样，要容纳各个独立发展的结构。矩阵制结构就像是一个大超市，各个业务都在共享超市提供的平台中。

所以，事业部结构的特点是用业务来命名，并和公司的多元化战略相匹配起来，比如各个产品或者地区的事业部。每个事业部独立发展，同时，大家又同在一幢大楼里面。事业部的好处在于有可能打造出摩天大楼。企业不断按照业务去分拆事业部，每个事业部独立成长起来之后还可以继续分拆，这样企业整体的体量会变得很大。

事业部结构是不断去"拆"，而矩阵结构的特点则是不断去"组"，不断去根据市场的需求来组织各种临时的任务或者项目小组，然后再从各个职能部门调人过来，每个项目小组共享整个职能平台。矩阵结构和事业部结构虽然一个是"组"一个是"拆"，但都非常有助于企业的成长，都可以帮助企业规模成长得很大，因为这两个结构有一个共同的特点：它们的根基都是响应市场需求，都是一种可以匹配多元化战略的有效方式。

两种结构不同的地方在于，相比之下，事业部结构更"破费"一点，因为每个事业部都有非常稳定的一套班底，而矩阵结构的协同效率更高一些。不过，如同一个硬币的两面，事业部结构的方式虽然成本更高一些，但是也更容易培养出素质全面的领导者。所以在培养接班人上，相比矩阵结构，事业部结构会略占上风。

当然，这只是相对而言的，当公司的多元发展和规模化发展到一定程度的时候，两种结构实际上就有可能交织在一起了，正如两个从不同道路登顶山峰的人碰面了。某个事业部可以采用矩阵制，而矩阵制的企业也可能会拉出几个大的事业部来做。

至于这两个结构哪个更好，其实没办法评判，要看企业更适合哪一种。事实上，美的集团就是事业部，华为则是矩阵制，并且两种结构在两家企业都绽放出了各自的光彩。

也许在结构上，最后一种结构就是无结构了，把原先建立的结构都毁掉，或者说消除组织内外部所有的围墙，让组织成为一个无边界的组织。但这更像是一种开放性的理念，作为结构本身，更建议企业回归现实，高楼大厦平地起，打好地基，从一点一滴做起。

事实上，事业部和矩阵结构有一个共同的前提，就是企业的职能基础要比较扎实。否则，就没有这个条件分拆给各个事业部了，也不能给各个项目提供充分的共享平台，因为资源不够多，没办法共享。美的和华为在用事业部和矩阵结构的时候都已经做到了几十亿元的年销售规模，这个规模代表了企业职能部门的规模效应，说明企业已经有了足够的职能能力。

从这个角度来说，很多企业未必具备事业部和矩阵结构的使用条件。如果这两种结构发挥不出作用，问题一定不是结构"有毛病"，而是企业自身的积累还不够。循序渐进应该作为最重要的结构原则。

组织文化要用产品来证明，用时间来浇灌

组织文化这个词是美国学者较早使用的，不过不是用在美国，而是来自对日本企业崛起的观察。

20世纪七八十年代，美国企业受到了日本企业的强大冲击，尤其是在和管理学的产生息息相关的汽车产业。福特公司和通用汽车公司的案例给管理学的诞生提供了有价值的土壤，管理学也反过来让这些企业成长得更好，尤其是帮助福特公司在20世纪中期之后重新恢复了生机。

不过，没过多久，日本企业开始在美国市场上表现出了强大的竞争力，这对企业界和国家经济是挑战，同时对于研究者来说也是机会，所以一批美国学者主动去研究日本企业的成功原因，最后把原因总结为企业文化。以产品质量为例，过去美国企业对于保障质量更多依靠的是实验和量化准则，这正是科学管理的特征，而日本企业更多是来源于对质量的重视，让人们都持有高品质的理念，这就是企业文化。当然，两者并不是谁对谁错的关系，而是缺一不可，这也让今天的理论更加丰富，可以更好地指导实践。

组织文化是人们在长期共事的过程中达成的共识。其概念并不复杂，不过需要注意其中的几个关键点，一是共识，二是共事，三是长期性。

组织文化是共识，不是一个人的事情，也不是讲个性，所以，组织文化本身的特点是融入和融合，而不是孤立和特立独行。一个人不能代表一个企业的文化，我们要看一个企业的文化，往往要看大多数员工的样子。

共事意味着共同行动和价值创造。共识并不是目的，共识是和共事联系在一起的，也就是说理念要转化到做事上面。共识的意思是共同的价值观和行为准则，而这种共识最终反映在企业的产品或者服务上，这就是文化的层次，内在的理念层和外在的行为层。

如果一个企业能提供高质量的产品和服务，并且不是偶然事件，而是普遍而持续地提供，那么这个企业的文化做得就非常到位。产品也是判断一个企业文化好坏的最直接的标准。有的公司的企业文化"不靠谱"，原因就在于"光说不练"，不能让好的理念向产品靠近。

没有可靠的产品，文化说得再多，都是空谈。当年日本企业正是用产品震惊了美国企业和世界。企业文化最终都会体现到产品上来，不能忽视这个细节。反过来说，企业文化做不好，产品一定会出现问题。对于我们今天的企业来说，从根本上讲，不应去谈大小，也不应该去谈市值，甚至也不应该去谈大家有什么共同的情怀，而是要看我们有没有用我们的情怀做出震惊世界的产品。

最后，文化要用时间浇灌。文化要求在共识的基础上共事，而共事又有助于文化的形成和巩固，其中的一个特别的要求，就是时间。一种优秀的文化不是短时间内就能生成的，需要大家用共同做事的经验来不断磨合、检验、修正、巩固和发展，所以，这才是文化对组织来说最为宝贵的地方。

人们常常谈核心竞争力，而核心竞争力的一个关键要求就是不容易被复制，这恰恰也是文化最厉害的地方。文化不是口号，而是用时间锻造出来的共识和行动，这是任何企业在短期内都做不到的。企业文化可以成为一些优秀企业的核心竞争力，原因就在这里。

价值观管理：选人、育人、考核

文化最核心的功能是导向，准确来说，是行为的导向，这也是为什么组织行为学会重视组织文化的原因。当然，组织文化的核心内容是价值观，价值观会影响人的行为，这就是文化发挥作用的路径。

在组织行为学的标准中，按照价值观的不同主体，价值观可分为组织价值观和个人价值观，组织文化是讲两者的一致性。所以为了达成这种共识，企业在选人、育人、考核的标准上都应该有价值观的考虑，进行系统的价值观管理工作。

在选人上，不仅要看能力，还要考察价值观。招聘时最好能有一个公司的资深员工在场，看一看这个新人是否符合公司的风格，这样双方都会事半功倍，可以更快速地融合在一起。

在育人上，组织做培训也不仅仅是技能培训，还要重点和大家分享公司的关键成长历史，是依靠什么样的精神走过来的，让人感受组织精神。领导者也需要实际行动，以身作则，用写信、写文章和讲演等沟通方式向员工进行价值观的表达和传递。

最后，在考核上，也不是一味地看业绩指标，背离公司核心价值观的业绩并不是值得鼓励的业绩。关键要看人们的绩效是否是取之有道，所以有必要进行业绩和价值观的二维考察，这样才能引导人们做出更健康和可持续的公司业绩。

确保基层人员对公司意图有感觉

组织价值观的表达需要陈述两方面的内容：一是表达公司的意图，比如公司对于使命和愿景的陈述，这属于目的性的价值观。二是表达公司的核心价值观，如顾客第一、艰苦奋斗之类的陈述，践行这些内容是为了实现公司的使命和愿景，属于工具性的价值观。需要注意的是，这依然是组织的价值观，需要和员工的价值观达成一致才可以。

尤其要注意目的性价值观的部分，因为这个部分距离基层员工较远，通常距离高层人员比较近一些。所以，如果表达不当或者陈述不完整，可能员工就不会有什么感觉。如果一家公司在使命和愿景上只讲公司未来会成为多么伟大的公司，在行业里会有多么强大的竞争力，这样的表达看起来没有问题，但是，可能会忽略员工的感受，高层觉得激情澎湃，基层人员却毫无感觉。但是，企业最后还得依靠基层人员一起来完成使命，所以，在表达上不能只谈公司未来如何，最好能加入对于员工的考虑，这样员工就更有共鸣，才能使个人和组织在价值观上取得一致性。

明确了价值观的主体和内容，就可以总结出实现个人价值观和组织价值观相融合的方法了。为了达成个人和组织在意图上的一致性，组织在设计公司意图时要融入对员工的考虑，而不是只讲公司自身。为了达成个人和组织在核心价值观上的一致性，组织要在选人、育人和考核的工作上做出全方位的价值观管理工作。

企业因文化生生不息

不少人认为价值观看不到也摸不着，所以不重要，这是一种比较浅显的认识，公司的产品和员工的行为就代表着公司的价值观。一个企业价值观管理工作做得如何，最终都反映在产品和员工行为上。而产品和员工行为又是企业触摸顾客的界面，所以价值观的重要性当然不可小视。有好的企业文化在，就会有好的产品和服务，顾客价值和企业成长就都有了着落。

其实价值观的力量可能比我们想象的还要大，甚至关乎企业的生死存亡。价值观会在危难时刻显身手。当公司遇到巨大困难和挑战的时候，有的公司会临阵脱逃，不负责任甚至违背伦理道德，有的公司再苦再累都让自己合法渡过难关，这种关键时刻的不同表现，正是组织文化在背后支撑着。那些把文化写在墙上的企业在关键时候会失去信仰，迷失方向，那些把文化写在产品和员工身上的企业会处事不惊，遇事不乱。

不信看看那些历史长达百年甚至几百年的企业，它们历经各个朝代，经历过各种天灾人祸、时代的风云变幻和洗礼，关键时候能够支撑企业不被打倒的就是那股精神劲。西游记师徒团队历经九九八十一难，靠的也是这股劲。所以，说文化是公司的救命稻草或生命线，一点也不为过。

把改变植入文化的土壤

企业文化也是一把双刃剑，本身有其局限，如果用不好，也很可能会阻碍企业的进步。文化的局限表现在，会让大家习惯过去，不太容易接受改变，整个组织会比较僵化，结果会给组织变革带来难题，不利于组织的创新，也不利于组织和别的组织合并。公司合并的难题不在于资本，而是在文化的整合上。

当然，不能因为文化有这种局限就不创建文化了，通过文化在内容上的设计技巧，可以在一定程度上减少这些局限。在文化的内容设计上，可以从某些样板当中取材，可以参考一些优秀企业，也可以参考一些优秀理论。

霍夫斯泰德关于国家文化的维度思考是可以应用在组织当中的。虽然其是用来衡量国家文化的，但是因为国家本身也是个组织，所以组织也可以参考其中的一些维度。更重要的是，一个企业的文化实际上是根植于国家文化和社会文化的。借助国家文化维度的"不确定性规避"这个维度，我们会看到，无论是一些很有竞争力的企业还是国家，对于不确定性往往有更高的接受程度，敢于去面对而不是规避不确定性。

　　一个优秀的企业会把"拥抱变化"巧妙地"植入"价值观当中。这种内容设计的巧妙之处在于，一方面契合了当今动态环境的特征，另一方面，内容本身就是在克服组织文化的局限，不要让大家的思维僵化，而是要去拥抱变化，愿意去和新的环境融合在一起。

　　虽然这看起来是很简单的一笔，但是起到画龙点睛的作用，非但不会为变革带来阻力，还会有助于组织的变革创新以及内外部的合作行为。这一点，尤其是在一些偏内敛和保守的国家文化当中，特别值得注意。

　　水饺的馅在里面，比萨的馅在外面，这种看似简单的载体所承载的正是不同的文化。再想想改革开放给中国带来的翻天覆地的变化，就更加能感受到，国家的进步和文化的改变紧密相连，国家都是如此，更何况是企业和个人呢？当我们把改变植入文化的土壤当中时，源源不断的新生力量就会生根发芽。

两条腿走路，年富力强再转型

　　把改变植入文化的土壤意味着，组织文化和组织变革是密不可分的。

　　组织变革这个词听起来好像很大很空，可能会给人漫无边际和摸不着北的感觉，不过我们可以从理论上把组织变革的核心内容框定下来，这样行动起来就清晰多了。总结起来，就是组织变革的"一二三"：一个目的，二个层面，三个突破点。

　　做变革会非常痛苦，但是再痛苦都要做，因为组织变革只有一个目的，就是让自己活下来。所以，组织变革是组织为了生存而对环境做出的适应性改变。换言之，面对环境的变化或者不同的环境，无论是组织还是个人，我们自己不去改变和适应，就无法在环境中继续生存。

组织要活下来，就要在战略和组织两个层面做出改变。

首先是战略转型，即改变组织整体的行为。这个层面的中心是顾客，是根据顾客的需求和生活方式来调整自己。

零售业100多年来的发展正是演绎了一个行业追随顾客进行升级的过程。交通不便的时候，通过工厂来邮购产品；当有了汽车，公共交通方便之后，建造了超市；当互联网改变了人们生活的时候，业务就发展到线上；当人们越来越忙碌和追求便利的时候，就有了便利店；人们对于便利性的渴求，对线上线下的物流也提出了更高的要求，加上大数据对信息流的催化作用，又催生了新零售的概念。所以，组织的战略行为要始终以顾客的生活为中心不断演进。

以顾客为中心，战略转型需要注意以下两点。

一是要把握好转型的火候。不要在现有业务已经没有竞争力了的时候才去进行战略转型，而是在现有业务具备竞争力的时候就去转型，这样才能为转型提供资源支持。换句话说，等现有业务老去的时候再转型就为时已晚，而现有业务还完全不成熟时就去着急转型，又有些为时过早、操之过急，这就是转型的火候。所以，转型一般是在年富力强的时候更恰到好处。

二是新旧业务并驾齐驱。在进行战略转型的时候，不要彻底丢掉现有业务。事实上，战略转型往往是成熟业务和新业务并存的，成熟业务通过提供资源扶持，帮助新业务走向成熟。而每个业务都有生命周期，有生长和死亡，待新业务成熟之后继续进行新的循环，从而保证了组织的新陈代谢，这就是我们常常说的，要学会"两条腿走路"。

解冻组织，开启多米诺骨牌

在战略转型之后，着眼点从外部顾客回到内部成员，第二个层面的改变就是组织内部的改变。这个层面的中心是员工，是要协调员工一起来让战略转型落地，这时才能完成组织变革。

事实上，当顾客驱动企业进行战略转型的时候，多米诺骨牌已经开启。牵一发而动全身，影响会随之蔓延到组织的方方面面。围绕新的转型目标，组织需要设计出与之匹配的层层工作任务和组织结构，同时寻找到完成任务所需要的资源。要求现有的人员做新的工作，也可能做出人员的增减变动，请新的人员来做新的工作。

在这个部分，组织变革在开始之初，整个组织的状态可能是冻住的。多数人还都停留在原来的状态，解冻需要时间，这就需要组织做出三个方面的突破，不断打开大家的心结。通过"三个突破点"来解冻组织，助动多米诺骨牌。

第一个要突破的是"意识上的沉睡"。需要唤醒"睡狮"，突破人们的思维惯性和麻木意识。

领导者要让大家感受到变革对于组织而言的迫切性。只有高层意识到变革还不够，高层需要让更多组织成员了解到，组织的处境并不像是大家所感觉的那么乐观，如果不一起做出改变，组织和个人都会受到影响。因此，做组织变革时会先制造出一些紧迫感和危机感，要大家知道必须要做出改变。

当然，制造危机感和紧张感本身并不是目的，最后还得再消除人们心中的恐惧，让人们安心推进变革的工作。所以，当人们被"唤醒"，有了紧张感之后，组织就要开始帮助消除紧张感了，从而使人安心做新的工作。

因此，组织内部变革的技巧就在于，先唤醒紧张感，再带去安全感，从紧张感到安全感，变革就可以稳步推进。

第二个和第三个突破口就是用来消除人们的紧张感，让人们安心工作的。这两个突破口一个是"胜任力"，另一个是"利益"，这是摆在人们变革之前的两块巨大的绊脚石。

多数人的恐惧来源于对是否能胜任新的工作的不确定，同时担心利益会不会受到影响。考虑到这两点，对于组织变革，领导者在给员工带去危机感的同时也要带去信心和安全感，要给予实实在在的利益的支持，甚至是做出利益的让步和妥协，要给予变革的新工作方法的指导，要给予新的工作岗位充分的资源支持。

这意味着组织内部的变革是一项非常烦琐的工作。领导者要始终走在各个变革的一线，对于整个变革工作而言，领导者自身的工作量有可能也比原先预期的还要大，所以，在变革之前，领导者自己也要做出充分的身心准备。

总之，组织变革刻不容缓，又任重道远。环境变化拉开了变革的序幕，从战略转型到组织内部变革，从危机感到安全感的往复循环，组织变革一直是在行动的过程中不断推进变革。在组织变革的过程中，组织要和成员一起来分享变革的成绩和好处，这样就会进一步加强大家对于新状态的接受程度，以这样的步调循环下去，组织和成员就都会持续处于一个可以适应环境的保鲜状态。的确，变革是个漫长的过程，甚至需要持续变革，可也只有这样，组织的保质期才能更长。

按照适者生存的法则，经历变革后可以生存下来的组织和成员的能力都会有所提升，自身都会得到成长，更具生命力，或许这才是变革最大的回报。

| 第二十一章 | 逐梦之旅：组织的终极形态 |

如果对组织行为学的主要内容做一个规律性的总结，可以用三个词来概括：是改变、理性和融合，要变一切可变，用一切可用，融一切可融。

改 变

我们学习个性和认知的目的，都是为了改变。当我们知道什么样的个性和认知会更加有助于工作和生活时，我们就要努力让自己改变，形成这样的个性和认知，并且用行动来收获改变的结果。

个人是这样，组织又何尝不是如此？个人身在组织和家庭当中时，为了获得工作的成就和家庭的幸福，就要按照组织的要求和家庭的逻辑来改变自己，而组织身在社会环境当中，为了让自己生存下来并活得更好，又岂能不去适应社会环境的变化呢？道理都是一样的，不论是对于人还是组织，为了在环境中生存，就要变一切可变。

当然，是否有不可变的部分？一定有。合法性不可变，任何时候都要合法，合法性本身就是对变化的一种保护。永远不要忘记行为的底线。

理　性

组织中的激励工作、领导力工作及结构安排，全部都遵循理性法则。这三项工作的出发点都是做事情或者完成任务，而三项工作联合起来的贡献正是让人把事情完成。

为了达成组织目标，组织需要设计出匹配的结构并做出人员安置，并且领导者要运用各种方式来激励人们完成各自分解的组织目标，整个工作不能掺杂个人情感和情绪。不管结构长得好不好看，管用就好；不管这个人我喜不喜欢，能做成事情就好。所以，但凡工作，就要保持理性，要用一切可用。

当然，有没有什么是没用的？人们常常开玩笑地说，钱不是万能的，但是没有钱是万万不能的。物质条件很重要，但是要注意，物质条件在有一种情况下可能是无用的，这种情况就是脱离尊重。事情通过人来做，所以，要善用人，并且要动用一切力量。但是，当用物质条件去关心人时，不要忘记对人的尊重，这也是人际关系学说的核心内容，因此要注意，不要让理性"失礼"。

融　合

组织行为学的终极意义，是让人们可以融一切可融。组织行为学教给人们很多理性的法则，引导人们在工作中做出更好的成绩。这样，个人、团队和组织都会变得愈加强大。

但是，强大的终极意义并不是竞争，不是歼灭对手，不是破坏环境，不是让家庭不幸福，不是让伙伴活得不如自己，组织的成长永远没有极限，没有大到不能再大的组织，也没有一家独大的组织，而组织的终极形态是可以包容周遭一切的平台，借助这些平台，融合一切可以融合的力量来推动组织发展，并且，使组织发展带给周遭意义。

组织业绩带给社区福利，个人业绩带给家人幸福，这就是美好的圆梦之旅。从这个角度来看，组织和社会、个人和家庭，都是可以和谐相融的。而这个圆梦之旅的起点，正是组织和个人的相融，对于组织行为学来说，这也是梦想开始的地方。

参考文献

[1] 巴纳德 . 经理人员的职能 [M]. 王永贵，译 . 北京：机械工业出版社，2007.

[2] 巴纳德 . 组织与管理 [M]. 曾琳，赵青，译 . 北京：中国人民大学出版社，2009.

[3] 陈春花，赵曙明，赵海然 . 领先之道 [M]. 北京：机械工业出版社，2016.

[4] 陈春花 . 管理的常识 [M]. 北京：机械工业出版社，2016.

[5] 陈春花 . 激活个体 [M]. 北京：机械工业出版社，2016.

[6] 陈春花，曹洲涛，刘祯，乐国林 . 组织行为学：互联时代的视角 [M]. 北京：机械工业出版社，2016.

[7] 陈春花，刘祯 . 水样组织：一个新的组织概念 [J]. 外国经济与管理，2017，39（7）：3-14.

[8] 德鲁克 . 管理的实践 [M]. 齐若兰，译 . 北京：机械工业出版社，2008.

[9] 德鲁克 . 公司的概念 [M]. 慕凤丽，译 . 北京：机械工业出版社，2009.

[10] 法约尔 . 工业管理与一般管理 [M]. 迟力耕，译 . 北京：机械工业出版社，2009.

[11] 柯林斯，波勒斯 . 基业长青：企业永续经营的法则 [M]. 真如，译 . 北京：中信出版社，2009.

[12] 柯林斯 . 从优秀到卓越 [M]. 俞利军，译 . 北京：中信出版社，2009.

[13] 克雷纳 . 管理百年 [M]. 闾佳，译 . 北京：中国人民大学出版社，2013.

[14] 马斯洛 . 动机与人格 [M]. 许金声，等译 . 北京：中国人民大学出版社，2007.

[15] 梅奥 . 工业文明的人类问题 [M]. 陆小斌，译 . 北京：电子工业出版社，2013.

[16] 刘祯 . 管理的内容：10 大核心管理概念解读 [M]. 上海：上海交通大学出版社，2017.

[17] 刘祯，陈春花，徐梅鑫 . 经营、管理与效率：来自管理经典理论的价值贡献 [J]. 管理学报，2012，9（9）：1268-1276.

[18] 沙因 . 沙因组织心理学 [M]. 马红宇，王斌，等译 . 北京：中国人民大学出版社，2009.

[19] 斯密 . 国富论 [M]. 罗卫东，译 . 杭州：浙江大学出版社，2016.

[20] 苏东水 . 东方管理学 [M]. 上海：复旦大学出版社，2005.

[21] 泰勒 . 科学管理原理 [M]. 马风才，译 . 北京：机械工业出版社，2009.

[22] 赵曙明，邱恒明 . 赵曙明：我的人生感悟与管理观 [M]. 北京：机械工业出版社，2007.

[23] Barney J B. Organizational culture: can it be a source of sustained competitive advantage [J]. Academy of Management Review, 1986, 11(3): 656-665.

[24] Bryan J F, Locke E A. Goal setting as a means of increasing

motivation [J]. Journal of Applied Psychology, 1967, 51(3): 274–277.

[25] Drucker P F. Theory of the business [J]. Harvard Business Review, 1994, 72(5): 95–104.

[26] Herzberg F. One more time: how do you motivate employees? [J]. Harvard Business Review, 1968, 46(1): 53–62.

[27] Locke E A, Shaw K N, Saari L M, Latham G P. Goal setting and task performance: 1969–1980[J]. Psychological Bulletin, 1981, 90(1): 125–152.

[28] Koontz H. The management theory jungle [J]. The Journal of the Academy of Management, 1961, 4(3): 174–188.

[29] Prahalad C K, Hamel G. The core competence of the corporation [J]. Harvard Business Review, 1990, 68(3): 79–71.

[30] Stearns P N. The history of happiness [J]. Harvard Business Review, 2012, 90(1/2): 104–109.

附
录

组织管理 15 问

1. 应该如何设计组织结构?

组织行为学谈结构,其实是受系统论的影响。结构改变功能,这条核心原理意味着,结构本身并不是目的,功能才是目的。

对于组织管理来说,结构是为战略服务的。因此,设计结构首先要看的因素是战略。如果一个公司要向着多元化发展,很可能需要事业部结构来与之匹配。

其次是看规模。如果一个公司很小,也没有多元化业务,结构就应该保持简单。集权结构会限制大公司的发展,但是对于小公司而言,又不必要做复杂的分权设计,否则反而增加成本并且降低了效率。

再次是看知识。公司需要的知识越专业，越需要赋予知识权力。因此，知识需要被分权，否则知识本身就没有资源和能力来创造价值。

最后是认知。老板或者组织顶层设计者要有意识并且愿意来调整组织，否则，一切的论证都是空谈。

关键点：战略，规模，知识，认知。

2. 组织当中如何确保公平？

确保公平的目的是为了让更多成员可以更加积极地行动。

公平本身就是一种有效的激励。如果一个组织做不到公平，组织的士气就会受到伤害。公平不是人人平等，而是多劳多得。公平的内容是去衡量人的成绩和回报，一定要让做出成绩的人得到积极的回报，不能让"雷锋"吃亏，要保证积极的行为得到积极的强化，才能形成公平的组织氛围。

从这个角度来看，公平是一种激励，也可以说是一种积极的强化方式，是形成组织正向风气的关键。否则，组织就会变得懒散，变得没有绩效和竞争力。

关键点：有效激励，正向行为强化。

3. 如何设定目标？

理论上讲，有目标的人比漫无目标的人有更高的绩效。言外之意，目标是可以激励我们做出成绩的一个因素，其根本作用其实是激励。

目标应该提供给我们前进的方向并给予我们行动的动力。为此，在目标设计上，目标本身应该是具体的，不然行动就没有明确的指南，我们也无法评估是否完成了目标，从而也就无法评估行动的有效性或者绩效。

此外，目标应该有一定的难度。一个没有难度的目标即使实现了，也不会使人觉得有太大意义和成就感，起不到激励作用。当然，目标也不能遥不可及。目标不等同于理想，目标是通往理想的一步步阶梯。实际上，一个人的成就和成就感正是通过目标的设计和实现来获得的。

关键点：目标带来绩效，目标设计要具体和有难度。

4. 如何提升效率？

效率问题是经济学和管理学的共识问题。沿着分工可以提升效率的经济学思维，效率问题在管理实践中被剖析得更加细致和全面，包括劳动效率、组织效率和人的效率。

无论是组织还是个人，财富积累的前提或者初级阶段就是要有高的劳动生产效率，也就是要把工作本身做到极致。找到科学的工作方法并付诸实践，做到劳动效率最大化。

在此基础上，要进一步求发展，就不能依靠个体本身的工作效率了，而是要释放组织的效率，借助组织的力量来成长。这个时候，对于个人而言，要懂得合作，作为管理者来说，要懂得分权，才能获得更大的成长。

最后，要回到人本身，把人看作有血有肉的人，去关心人。如果人不快乐，如果团队没有士气，工作效率就会下降。所以，管理者要做的工作是洞悉人的需求并把需求的满足和工作的绩效建立关联，从而让人安心工作，以确保人的需求和工作任务同时得到实现。

关键点：劳动效率，组织效率，人的效率。

5. 如何实现工作和生活的平衡？

工作和生活的平衡问题已经成为今天组织行为学在关注人上的一个重要问题，因为作为社会人，在现实当中要扮演各种角色，而不同的角色对于一个人又有不同的要求，有的人是工作狂结果生活不幸福，有的人过度投入生活，结果工作又做不好。

除了从把握度的角度之外，组织行为学可以提供给我们两个平衡思路。

一是要让工作和生活是协同关系而不是对立关系。不要让双方成为互相干扰的关系，而是成为互相帮助的关系。

要通过工作成绩的回报来使生活更加美好，换言之，要把生活目标的实现转化成为工作的动力，借助工作来完成生活目标。同时，还可以从生活当中体悟出工作或者经营企业的智慧。这样双方就不再是矛盾关系，而是相互融合的关系。

二是从调整自己需要的角度出发，让自己在工作和生活当中有不同的需要，而不是什么都想要。

因为人们"扮演"的这些角色本身就不同，所以，也就有着不同的角色要求。拿成就需要、权力需要和归属需要来说，我们要在工作当中表现出高的成就需要和权力需要；而当回到家庭当中，就要降低这两种需要而去表达归属需要，这就是合理的需要分配了。如果弄反了，或者在各种角色中什么都想要，角色的规则就会被破坏，工作和家庭两方面可能都做不好。

关键点：从对立到协同，根据工作和家庭的不同需要分配。

6. 如何有效地设计团队？

团队是否有效，要看我们的团队是否是一个真正的团队。

一个团队的成员角色要清晰，要明确每位成员的任务和要求是什么；大家要有共同的行为准则；成员之间的任务要有互赖性，要让彼此相互加持，可以相互奉献和成就彼此；要控制团队的规模，太小了力量不够，需要补足力量，太大了又容易失控，需要划小单元；最后是凝聚力，团队要经受挑战和磨难让彼此凝聚，同时也需要借助成功来强化信心。这些元素，在设计团队时就应该事先考虑到。

关键点：角色，规范，协同，规模，凝聚力。

7. 如何做好团队决策？

回答这个问题，需要从两个方面出发，一是从选择的角度，会不会选择团队决策；二是从方法的角度，如果选择了团队决策，是否使用了合适的方法。

在选择上，团队决策是相对于个人决策来说的。团队决策可以集合智慧，但是往往比较慢，并且有时决策结果未必比个人决策好，不过团队决策的结果更方便大家执行。所以，站在执行的角度，团队决策更有利。如果是在十分紧急同时又可以保证执行度的情况下，可以由个人拍板。

在做团队决策时，容易导致团队决策质量下降的原因是评价顾虑和群体施压。所以在收集观点时，除了要给出较长的时间来让人们充分表达观点之外，还要做到发展别人的观点而不是批评和否定别人，在投票表决时要让人们独立安静地做出判断，而不是彼此影响，施加压力。

关键点：选择团队决策的原因，团队决策的方法。

8. 组织行为如何影响绩效？

组织行为并不仅仅是在讲组织的行为，而是讲与组织绩效相关的多个活动主体的行为。所以，谈组织行为，实际上是在谈哪些行为会带来绩效。一般来说，会涉及三个层面的行为。

基础层面就是个人的行为。组织行为学去谈人的个性和价值观，去关心人的需要和讨论激励理论，目的都是为了激活人的行为，让人的行为可以创造出工作绩效，而在这个过程中，必须解决人的各种需要才行。所以，这是最基础的行为。这也意味着，组织行为学反而优先探讨的是人的行为而不是组织的行为。

其次是团队层面的行为。因为人和人要依靠团队来做出更大贡献，"1+1>2"正是团队作战区别于单打独斗的地方。

最后是组织层面的行为。对于行为的探讨最终还是要上升到组织的高度，个人和团队的一些工作行为实际上是要与组织的整体行为和安排联系在一起的，从而才得以上下同欲。

要保证上下同欲的正确方向，意味着组织整体上的行为要有效才行。就像是个人要和组织达成共识一样，组织整体的行为也需要符合外部环境的要求，这就是组织的行为准则。

关键点：个人，团队和组织。

9. 在组织层面，企业如何实现成长？

组织成长的三驾马车是结构、文化及变革。

结构和文化，一个有形，一个无形，这起到左右护航的作用，而在环境快速变化的今天，变革会奠定和引领组织发展的正确方向。

因此，组织需要根据环境变化来对组织的事业做出准确的判断和布局。在做好现有业务的基础上开拓新的业务，新旧业务交替进行，形成一种可以适应动态环境变化的循环造血机制。

结构和文化则为业务进行保驾护航，一方面，通过结构的调整来匹配组织战略业务的资源需要；另一方面，通过文化的共识来保证核心人力资源和组织行动目标的一致性。

关键点：组织结构，组织文化，组织变革。

10. 如何循序渐进地发展？

无论是在哲学当中还是生活当中，循序渐进都是我们需要遵从的成长规律。

所谓循序，即"不在其位，不谋其政"，所谓渐进，即"一口吃不成胖子"。因此，循序渐进意味着，在哪个阶段就做哪个阶段应该做的事情，通过一步一步地积累来成长。

学习过组织行为学之后，我们会发现，这种规律也贯穿在这门学科当中。

一个人或者企业要先做好基本的生产效率工作，才有机会谈更大的组织效率，而不是脱离基础的生产工作去盲目构建组织。这也意味着，组织结构同样需要从简单开始。我们也不是为了建立团队而建立团队，前提是让每一个人都负起责任，因为在组织行为中，个人层面是基础。

对于年轻人来说，网红也好，企业家也好，明星名人也好，这些人当然值得欣赏和学习，但是值得学习的并不是这些人现在的成功，不是"成功之后"的行为，而是"成功背后"的行为。更需要学习的是这些成功人士在还不成熟、不成功或者还年轻的阶段，是如何行动和奋斗的。年轻人要做年轻阶段该做的事情，待到功成名就之后再谈功成名就时的事情，这就是需要的进阶。

实际上，反过头来，这也要求我们追求进步，不断前进。

原地踏步的结果很可能是退步。尽管企业需要先做好产品，提高生产效率，但是企业又不能就此止步，必须借助组织效率去满足更高的要求，去缔造有更大持续成长空间的组织。同时，让自己不只是某个特定产品的专家，而是一个可以持续满足用户需要变化的创新者。个人也是如此，不应停留在对物欲的无止境追求当中。

关键点：效率进阶，结构进阶，需要进阶。

11. 激励为什么要讲有效性？

在管理学理论当中讲激励时有各种各样的观点，有一个所有的理论虽然都没有明说，但却是暗含在激励工作背后的核心要点，就是激励的有效性。

激励工作是需要发生成本的，而组织的资源又是有限的。所以，组织不是做无节制的激励工作，而是要在有限资源的前提下，让在激励工作上花的每一分钱和每一份投入都有效。如果在激励的花费上非常任性和不理智，激励本身已经失效，这就失去了激励的有效性。

当我们在用钱去激励别人时，一定要考虑，这是不是对方最为在乎的，还是说对方还有更为看重的内容，毕竟，人需要的东西有很多。如果不是对方所需的，投入的成本就有可能打水漂。

所以，需要的本质是"缺"什么。物以稀为贵，组织激励要学会设计稀缺，让人们对"少"更有感觉。比如，如果人人都有奖金，人人都同样多，人们就没有感觉了，这样的奖金虽然投入了很多，很可能也打水漂了。因此，激励工作要去理解"缺"和"少"的智慧，因为组织的资源本身就是相对缺少的，这是激励工作的前提。

实际上，这一点放在自我激励上同样适用。因为我们每个人的时间精力有限，每天只有 24 小时。所以，在做任何一件事情时，既然已经花费了时间，那我们就没有理由不充分利用时间，把事情做到最好。

关键点：成本，稀缺前提，投入产出。

12. 很多企业都想成长为大企业，然而大企业就一定是好企业吗？

企业想成长为大企业没有错，这样企业就可以为推动社会发展做出更大的贡献。不过，看一家企业是不是好企业，不仅仅要看一个企业目前的规模，更重要的是看一家企业是否可以持续成长。如果一家企业为了盲目追求规模而做出了违背顾客价值的事情，成长就不可持续。

企业要可持续，要基业长青，就要做好有效的组织文化和组织变革。一方面，要有企业的信仰，有自己坚信的核心价值观，并能够为之付出行动。另一方面，组织必须跟随环境的变化做出改变。比如，根据顾客的变化来变革自己的业务，并且通过组织内部的改变来支撑战略上的变革。

关键点：持续成长，组织文化，组织变革。

13. 很多企业都在谈论以人为本，组织管理只要做到关心人就够了吗？

企业谈以人为本，谈对人的关心，这些本身并没有错，只是，这并不是企业在组织管理上的全部工作。

毫无疑问，人非常重要，但组织管理的出发点是目标，不论是组织目标还是个人目标，都不是人本身，而是事情。换言之，组织是一个需要完成目标的正式机构。

因此，组织管理是在完成任务的基础上去关心人，关心人的目的是完成任务，而不是为了关心人而关心人。所以，在组织管理当中，任务和人两者缺一不可，组织不能只顾任务而忽略人的关心；同时，也不能只关心人而忽略了任务的完成。按照组织管理的逻辑，要以做事情为出发点去理解人，尊重人，关心人，让个人的目标和组织的目标达成一致。

这样，我们就可以重新定义以人为本。以人为本，实际上是以奋斗者为本。奋斗者意味着，我们应该成为一个努力实现目标的人，一个敢于承担工作和生活责任的人。

关键点：人和任务的辩证关系，正式组织，以奋斗者为本。

14. 企业在选贤任能时优先选择学历高的人，这可行吗？

这样的做法在某种程度上是一种刻板印象，或者说是一种以偏概全的认知偏差。我们可以看到一些学历不高的人也拥有出色的成就，实际上，我们是不能把高学历的人和人才完全画上等号的。另外，也许有高学历的人会取得很大成就，但这种成就的来源一定会有学历之外的其他重要因素，否则，所有高学历的人就都成功了。

学历代表着一个人专业知识的学习凭证，而人才是由环境来评判的。

我们看一个人是否是人才，是要放在环境的需求当中进行评论的。按照战略性人力资源的观点，在企业当中，只有符合组织发展需要并且可以为组织目标做出贡献的人才是真正的人才。

但是，要清楚的是，没有人天生就是人才。人才是不断成长的，这种成长又需要正确的引导。借助"人才四识"的观点——知识、见识、胆识、共识，当我们每个人都往人才的标准去努力时，人人都可能成为人才。重要的是，我们要有这种全面的意识，并且鼓励自己做出改变。尤其是对于有知识的人来说，不要让缺乏见识、胆识、共识成为知识创造价值的阻碍，而是要借助见识、胆识和共识来发挥出知识的价值。

关键点：认知偏差，环境评价的角度，人才成长路径。

15. 事业部结构是一种流行的组织结构，
为什么有的企业拿过来用效果并不好？

很多组织采用事业部结构，的确是因为看到不少企业的成长都受益于这种结构，比如通用汽车公司和美的集团。可是有的企业使用后效果并不好，但是，也不能因为出现这种情况就否定这种理论本身的价值。

组织行为学的情境性意味着，理论是需要和特定情境放在一起才能发挥作用的。事业部结构虽然放在某些企业身上没用，但是反过来思考，为什么它放在美的集团和通用汽车公司身上就奏效呢？原因是这些奏效的企业符合事业部结构的生效条件，而那些不奏效的企业可能是还不具备采用事业部结构的条件。

如果企业规模比较小，还没有较为成熟的职能能力，就盲目跟风采用事业部结构，效果可能就不太明显，甚至非常危险了。因为事业部分拆的前提是具备一定的规模，这种规模意味着组织的职能能力已经发育成熟，这个时候分拆后的事业单元才不会非常薄弱，才有能力去完成分拆后的独立业务。

因此，组织结构和人的结构一样，需要有一个逐渐走向成熟的过程，这往往需要一定的积累。从简单的结构开始到职能结构的发展，之后才有条件向更"高级"的结构形式演变，组织发展是循序渐进的。

关键点：理论情境性，事业部制结构的适用条件，循序渐进。

感恩前行

每当站在商学院的讲台上时，我都会和学习者们分享一种感恩之情。今天我们可以坐在教室里学习管理学是一件非常幸福的事情。早年并没有很多人有机会来学习管理学，因为德鲁克等管理学先驱的贡献，管理学成了一门独立的学科，可以供人较为系统地学习。

尽管管理学作为一门学科还非常年轻，但是因为管理学对于企业的贡献及其对推动社会发展的极大贡献，社会给予了管理学科很高的肯定和地位。想想看，作为社会科学的一个分支，今天管理学院在大学里已经和社会学院等前辈学院一样，成了一个独立的学院。这的确是一件幸福和值得感恩的事情，懂得这些，就更需要我们珍惜在商学院的学习时光。

当然，有些学习者说现在自己还不是管理者，管理学或者组织行为学的内容现在还用不上，为什么要学习呢？

这种质疑是值得商榷的。常规的解释是，年轻人未来会成为管理者，所以要做好知识储备。此外，还有一点我们必须要意识到：人人都是管理者。

人要生存，这本身就是目标。每个人每天都有 24 小时，这就是维持生存最重要的资源。每个人都拥有自己的目标和资源，谁又可以说自己不是一个管理者呢？要让自己生活得更好，谁不需要更好地塑造自己的行为呢？

所以，对于年轻的学习者而言，刚开始学习组织行为学时，可能会觉得这门学科有点空，都是一些大道理，但是，随着个人阅历的增长，会觉得这门学科越来越实。说到底，其实不是学科变了，是人自己变了，变得更加成熟了。

这也说明了组织行为学作为社会学科的魅力，可以陪伴人融入社会并不断成长。如此看来，组织行为学应该是每一个人的必修课，应该常读常新。这门学科的价值在于，当组织行为学和人们的成长编织在一起时，会让人更加确信其蕴含的规律，从而让人变得更加优秀。

最后，组织行为学正是一门让组织和个人都能遵守美好的行为规律和准则的学科。从现在开始，行动起来吧。